大学生素质教育读本

DAXUESHENG SUZHI JIAOYU DUBEN

顾　问　张素梅

主　编　王晓东

副主编　韩永清　蔡永乐

编　委　（按照姓氏笔画排名）

马秀叶　王　英　王智庆　田志熙　史华红

史美青　任静涛　许韶平　李秋花　连　东

张敬环　郭　郁　韩　敏　魏宏亮

中国·武汉

图书在版编目(CIP)数据

大学生素质教育读本/王晓东主编. —武汉:华中科技大学出版社,2018.9（2019.9重印）
ISBN 978-7-5680-4560-5

Ⅰ.①大… Ⅱ.①王… Ⅲ.①大学生-素质教育-高等学校-教材 Ⅳ.①G640

中国版本图书馆 CIP 数据核字(2018)第 218644 号

大学生素质教育读本 王晓东 主编
Daxuesheng Suzhi Jiaoyu Duben

策划编辑:聂亚文
责任编辑:柯丁梦
封面设计:孢 子
责任监印:朱 玢
出版发行:华中科技大学出版社(中国·武汉) 电话:(027)81321913
武汉市东湖新技术开发区华工科技园 邮编:430223
录 排:华中科技大学惠友文印中心
印 刷:武汉华工鑫宏印务有限公司
开 本:787mm×1092mm 1/16
印 张:11
字 数:238 千字
版 次:2019 年 9 月第 1 版第 2 次印刷
定 价:35.00 元

本书若有印装质量问题,请向出版社营销中心调换
全国免费服务热线:400-6679-118 竭诚为您服务

前言

PREFACE

亲爱的同学们：

欢迎大家来到山西工程技术学院就读。你们将在美丽的山西工程技术学院展开新的人生画卷，实现人生的梦想；你们将在这里领悟“崇德尚能，行知合一”的校训，感受“勤奋严谨，团结进取”的校风和重基础、重实践、重创新的办学风格；你们将在宁静的图书馆里博览群书，在先进的实验室中探寻科学奥妙，在丰富的社会实践中增长阅历，与志同道合的伙伴一起砥砺前行、挥洒青春、收获情谊。

你们在开启普通高等教育阶段学习的时刻，将面对新一轮科技革命和产业变革的历史机遇，你们的肩上已经承担起了把祖国建设成为世界科技强国的神圣使命，国家和社会也为你们创新报国提供了广阔的舞台。希望同学们经过大学四年的学习生活，真正具有健全人格、扎实基础、创新思维、国际视野和社会责任感。随着山西工程技术学院新的变化，你们也会成为更好的自己！

成为更好的自己，需要提升自己的素质，即需要涵养性情，陶冶情操，提升人生品位。提高人的素质既是生存的需要，又是发展的需要；既是社会发展的客观需要，又是个人自我完善的主观需要；既是个人的需要，又是社会、国家以及整个人类持续发展的需要。从国家层面看，当今时代，科技进步日新月异，知识经济迅猛推进，经济社会发展日益转向创新驱动。只有高度重视和发展素质教育，大力培养创新型人才，才能抢占发展主动权和制高点，才能在激烈的国际竞争中立于不败之地。教育在综合国力形成中处于基础地位，承担着培养高素质人才的重任。从个人层面看，在很多父母心中，子女是整个家庭的中心，特别是当今的学生大多数是独生子女，寄托了几代人的希望。只有通过素质教育，才能让青少年成为身心健康的人、人格健全的人、学有所长的人，每个家庭的幸福生活才真正有盼头。为此，提升同学们对素质教育思想的认识非常必要。

素质教育包括三个递进层次：一是激发人们对素质发展的内在需求，特别是引导人们将单纯的、片面的文凭需求，变为着重对素质的追求；二是将对优良素质的需要转化为参与素质教育的实际行动；三是在行动中对自身发展的方向、强度、持久性等做相应的调整，达到自我完善的目标。追求完美可以引导人们超越自身利害的局限和有限生命的束缚；有助于拓宽胸襟、更新气象，构筑丰满、积极的精神世界。

学校是一方神圣庄严的治学净土，更是一片提升素养的修身之地，在这里需要学的东西很多，但是立志修德是你们才华用得其所的前提。你们要用一生去追求人性之美，人性之美永远照亮人类前行的方向。高尚的情怀、坚毅不屈的精神是人性之美，淡泊名利的风骨、谦和包容的胸怀也是人性之美。希望你们以那些坚守理想价值、具有高尚品格的人为榜样，在完善自己、铸就个人美好人生的同时，温暖整个世界。

你们要用心感受科学之美。科学之美在于科学理论的简洁、对称、和谐、统一，是一种客观的、无我的、内在的美，需要深入探索和思考才能发现和感知。广阔的科学世界蕴含着无限的大美和惊喜，你们要勤于思考、勇于探索，努力去品味科学中最美妙的诗篇。

大学的素质教育要同学们学会包容，养成泰山不弃抔土、河海不择细流的胸怀；学会生存，树立人与自然和谐共存的理念，倡导绿色环保生活；学会专注，要静得下心、沉得住气，坐得了冷板凳，努力从人类社会一切文明成果中汲取营养和力量；学会担当，培养“以天下为己任”的使命感、抱负和情怀。

风好扬帆正当时，这是一个新时代，也是山西工程技术学院人大有作为的时代，你们是实现“两个一百年”奋斗目标这一伟大历史进程的全过程参与者，也是这一伟大征程的历史见证者。同学们，新时代要有新作为，让我们一起来追逐梦想，并让梦想成真吧！

在深入学习贯彻习近平新时代中国特色社会主义思想和十九大精神的热潮中，山西工程技术学院教育教学也有新的气象、新的作为。多年来，学校始终把“立德树人，以技能人”作为学校人才培养的“一体两翼”，强化工科学生的家国情怀、国际视野、法治意识、生态意识和工程伦理意识；努力培养精益求精、追求卓越的“工匠精神”，使学校真正成为“工程师的摇篮”；把“创新”作为重要的教育理念，提升学生的工程科技创新、创造能力；把培养学生始终发展“核心竞争力”作为关键，培养学生养成终身学习、发展以及适应时代要求的能力。这些实践，有力地推动了学校在服务区域经济发展、社会发展、文化繁荣方面发挥作用，同时为学校赢得了更多的社会赞誉，美誉度不断提升。为了更好地将学校办学的理念传递给广大同学，用共同理念引领共同实践，用共同实践推动共同事业，为此，我们编写了本书，以期同学们读后有所启发。

编　者

二〇一八年八月

目录

CONTENTS

第一章

校史校情
不忘初心，方得始终

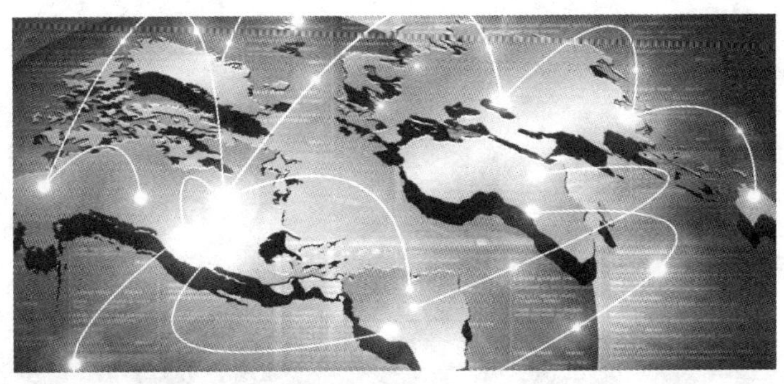

DAXUESHENG
SUZHI JIAOYU
DUBEN

第一节　艰苦奋斗　不断超越

34 年峥嵘岁月，筚路蓝缕，学校由弱小到壮大，走过艰难岁月，不断实现自身的超越，迎来了时代的春天。本节将带着同学们忆昔日学校拓荒年代，历数创业维艰的辛酸与成就，共同感受学校办学层次跨越的幸福时刻。让我们一起从学校发展的历史中汲取精神力量，矢志砥砺前行！

一、学校的诞生(1984—1985)

(一) 历史背景

任何事物的出现和发展都有其历史背景和社会土壤，我们学校也不例外。改革丌放以后，全国经济迅猛发展，对人才的要求日益强烈，而教育的发展无法满足社会的要求，高校毕业生人才短缺的问题在全国许多地方日益凸显。1983 年阳泉开始市管县，行政划分面积变大，规模扩大，阳泉市的人才供求矛盾更加明显，当年阳泉市的高校毕业生实际分配人数不达计划分配人数的 20%。

在这样的历史条件下，办阳泉自己的大学的社会呼声日益强烈，为阳泉市经济发展培养人才势在必行，一所阳泉市自己的大学呼之欲出！1983 年，阳泉市计划委员会向市政府提出阳泉自己建立大学的建议，从长远来解决阳泉市人才缺乏的问题。阳泉市政府同意了该项建议，并决定由时任副市长的张泽宇负责，由市计划委员会和市教育局牵头落实。

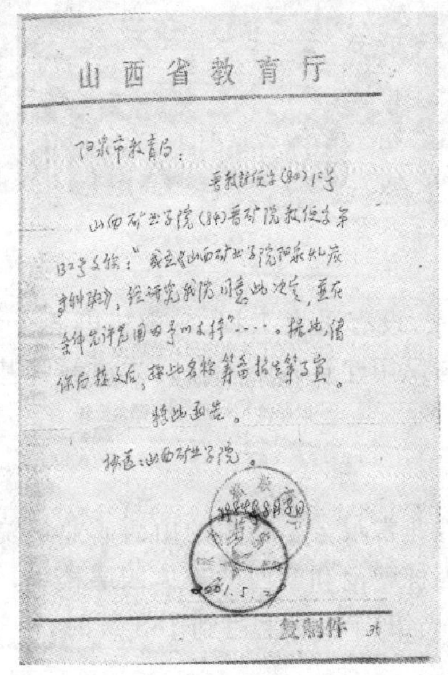

山西省教育厅

阳泉市教育局：

晋教计便字(84)1号

山西矿业学院(84)晋矿院教便字第13号文称："我院在山西矿业学院阳泉[illegible]，经研究我院同意此决定，并在条件允许范围内予以支持"……。据此，请你局接文后，按此名称筹备招生等事宜。

特此函告。

抄送：山西矿业学院。

1984.5.[illegible]

复制件

(二) 筹建过程

1984 年初，筹建工作正式启动。阳泉市政府从阳泉钢铁集团有限公司、阳泉矿务局、阳泉铝矾土矿等单位抽调了蒋凤仪、雒识源等十几名大学毕业的工程技术人员组成了阳泉大学筹建组。同年 5 月，针对办学经验缺乏、师资不足等状况，阳泉市政府责成阳泉市教育局与山西矿业学院(1997 年与太原工业大学合并组建为太原理工大学)商议联合办班。1984 年 8 月 8 日，山西省教育厅正式批准成立山西矿业学院阳泉煤炭专科班，隶属阳泉市人民政府。自此学校正式诞生。

(三) 开学典礼

1984 年 10 月，我校迎来了第一批新生，15 日在阳泉市南大街公安礼堂举行了开学典礼，20 多名教师和 80 多名学生参加。17 日的《阳泉报》在头版对我校的第一次开学典礼进行了报道，这也是学校见诸报端的最早报道。

陽泉報

YANGQUAN BAO

将落实政策的工作推向前进

市委召开落实知识分子政策和统战政策工作

为了适应新时期的伟大变革 进一步改进领导作风和方法

政策兑现进度快

适应建设需要 促进人才培养

山西矿院阳泉煤专举行开学典礼

否定"文革"要紧密联系实际

(四) 专业设置

学校第一年招生 80 多人，设有采煤工程、矿山机电两个专业。第二年招生 168 人，增设了煤矿企业管理、工业与民用建筑两个专业。主讲教师基本上都是从山西矿业学院外聘，本校教师以助课为主。

(五) 初建地址

学校初建之时，办学条件非常艰苦。新生的山西矿业学院阳泉煤炭专科班位于阳泉市城区河边街 77 号院子里一栋朝南和朝西的连体四层楼里，学校有一个餐厅，院内只能放一副篮球架供师生锻炼。当第二年招生达到 168 人时，由于河边街校舍有限，不能满足学生住宿和教学需求了，于是便借用了刚落成的北岭小学的一座四层小楼，一、二层住宿，三、四层上课。学生们都住在大教室里，一间住着 29 人。

（六）建校意义

山西矿业学院阳泉煤炭专科班的建立开创了省、市联合办大学的先例，弥补了山西省煤炭类专科院校的空白。

二、艰辛创业(1986—2000)

（一）校名的确定

1986 年 1 月 16 日，经山西省人民政府批复，山西矿业学院阳泉煤炭专科班更名为阳泉煤炭专科学校(简称阳泉煤专)，依旧隶属阳泉市人民政府，以此为标志，我校校名正式确定。这一校名以不同的形式一直沿用到山西工程技术学院成立，由于学校鲜明的办学特色和在服务山西煤炭经济发展中的卓越贡献，时至今日，很多山西人依然知道阳泉煤专。当时批准的学校规模是 2 500 人，学制 3 年，招生、分配面向全省，适当照顾阳泉市学生，学校基建投资由省负担 60%，阳泉市负担 40%，办学经费由省财政负担。1990 年 4 月 5 日，经山西省人民政府同意，阳泉煤炭专科学校由山西省教委(也就是现在的山西省教育厅)直接管理，学校由市属院校变成了省属院校。

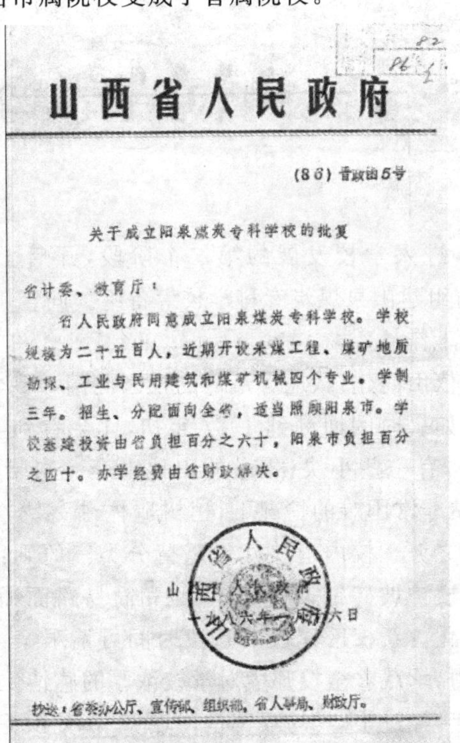

山西省人民政府

(86) 晋政函5号

关于成立阳泉煤炭专科学校的批复

省计委、教育厅：

省人民政府同意成立阳泉煤炭专科学校。学校规模为二千五百人，近期开设采煤工程、煤矿地质勘探、工业与民用建筑和煤矿机械四个专业。学制三年。招生、分配面向全省，适当照顾阳泉市。学校基建投资由省负担百分之六十，阳泉市负担百分之四十。办学经费由省财政解决。

山西省人民政府

一九八六年一月十六日

抄送：省委办公厅、宣传部、组织部、省人事局、财政厅。

（二）搬迁新址

学校成立的第 2 年就面临校舍不足的问题。校舍不足的问题其实当时市政府早就意识到了，1985 年初已经选定了候家沟、长岭、柳沟三村之交界的土地为学校新址，并已经于 1985 年 5 月 1 日破土动工。新校址就是我们现在所在的地方。新校区基建第一期占地 254 亩，开工在建校舍 2 万平方米。

1986 年 9 月，新校区基建第一期工程初步竣工，建起采煤系教学大楼、教工宿舍楼、学生宿舍楼、食堂等。10 月 1 日，全校师生完成搬迁任务。年末，教职工达 108 人，在校生达 491 人。下图是当年首批进校人员的合影，也是能找到的记录我校历史的最早照片。

（三）新校区建设

以搬迁新址为标志，进入学校发展的第二个阶段，开启了艰辛创业的漫漫长路。1987 年，阳泉市人民政府组建阳泉煤炭专科学校筹备组。同年 4 月 25 日，李一彬就任学校筹备组组长，负责全校工作。

我们学校地势特殊，依山而建，从地势最低的校园北门口到学校最高点的水塔公园，最大落差高达 67.5 米。如果时间回溯到 1987 年初，你会看到学校地处偏僻，满目都是荒山野岭，地势高低不平，有一些小块、零散的田地。李一彬带领全校教职工同心协力“先治坡、后治窝”，在经费非常困难的情况下，植树造林，搞基本建设，学校的绿化面积大大增加，呈现出欣欣向荣之势。校内道路建设坚持分类三原则：交通干道和广场采用水泥硬化，主要步行路用六棱护坡砖铺设，林间小路和简易路面铺上炉渣。师生出行更加便利，校园环境进一步优化。新校区建设的这段时间可谓艰辛，学校的每一点变化都离不开全校师生的共同努力，承载着全校师生对学校浓厚的感情。

从 1986 年至 1997 年，经过 11 年的艰苦奋斗，终于在荒山秃岭上建成了一所绿树成荫的学校。学校的工作得到了上级领导的认可，阳泉煤专被省教委领导誉为山西高校的

“虎头山”，李一彬被誉为教育战线的“李双良”。下图这张照片就是学校当时的校貌，图中的校门是学校的东门，直到 2002 年学院桥修建完成前，这里一直是我校的主要出入口。

经过 14 年的建设，学校占地面积达 288 亩，1999 年招生人数达到 778 人。学校的知名度在不断提高，为山西煤炭企业培养了大量的专业人才，素有“大半矿长出煤专”之说。14 年的努力使学校开始走上良性循环，实现了由求生存到求发展、由封闭式办学到开放型办学的转变。

三、快速发展(2000—2009)

(一) 历史背景

进入新世纪，学校抓住机遇，顺势而为，迎来了快速发展的黄金十年。这一时期的发展机遇主要表现在：第一，从 20 世纪末到 21 世纪初，高等教育从精英教育到大众教育转变的社会呼声日益强烈，并带来了国家高等教育政策的改变，高校扩招给我校发展带来了新的机遇；第二，进入新世纪，煤炭形势回暖，价格上涨，煤炭企业得到了大力发展，对煤炭类人才需求加大，而山西是煤炭大省，阳泉煤炭储备量丰富，煤炭类专业人才呈供不应求的状况吸引了大量学生报考我校，学生人数大幅度增加；第三，学校扩招，学生人数增加，对学校的建设提出了更高的要求，学校进入了基本建设密集期。

(二) 兴办本科教育

2001 年，为实现学校快速发展，学校与太原理工大学商定联合开办本科教育。2 月 26 日，太原理工大学决定成立太原理工大学阳泉学院，实行相对独立的办学体制。学校的教学工作接受太原理工大学的指导和检查，招生计划、事业统计由太原理工大学汇总上报，学生毕业证书由太原理工大学负责发放，其他有关事项按国家有关规定及双方签订的协议办理。2001 年 6 月 16 日，在教学主楼前隆重举行了太原理工大学阳泉学院揭牌仪式。自此，我校本科教育正式启动，第 1 年设置了 4 个本科专业并开始招生。

(三) 代办高等职业教育

2002 年，学校暂代阳泉市增挂阳泉职业技术学院，承担起了高等职业教育的任务。不同于之前以理论教学为主的教学模式，高职教育以培养应用型、技术型人才为主。这段办学经历为我校现在正在进行的向应用型转变奠定了教学和实践基础，对我校向应用型转变具有很强的促进作用。自此，我校形成了本科教育和高职教育共同发展的局面。在学校升本之前，学校本科生方面的工作对外是太原理工大学阳泉学院，高职学生方面的工作对外则是阳泉职业技术学院，而党务方面的工作是中共阳泉煤炭专科学校委员会。

(四) 学院桥的开通

在学校初建之时，现在的开发区还是一片农田，学校远离市区，交通不便，师生从北门进入校园，路途遥远，路况较差。开发区建设启动以后，经多方努力，连接学校校区与新建的开发区的学院桥建设提上了日程，2002 年 11 月 16 日正式通车。这座高达数 10 米的雄伟桥梁连贯南北，学院桥的通车使我校交通条件大为改善。

俗话说“要想富，先修路”，这句话用在教育机构的发展中无疑也是很有现实意义的。学院桥的开通意义有三：第一，使我校的交通更为便利，方便了师生的出入，师生进出校园的耗时大大缩短；第二，把学校与正在兴建的阳泉市经济开发区联通了起来，学校离市区远、地处偏远的状况得到了改变，学校的地理位置、格局发生了很大变化，区位优势凸显，为学校的发展奠定了良好的基础；第三，促进了学校的人才引进，壮大了学校的师资力量，提高了学校的师资水平。

(五) 主要成就

在21世纪的第一个10年,学校在教学与科研、办学与交通、招生规模和就业率等各个方面都有了长足的发展和进步,为学校整体跨越发展打下了坚实的基础。学校的突出成就主要表现在如下三点。第一,教师队伍继续扩大,师资力量进一步增强,教职工人数达到了445人,其中:硕士以上学历161人,占教师总数的36%;高级职称138人,占教师总数的31%。第二,办学条件进一步改善,大力进行基础设施建设,除了新办公楼和图书馆的建筑都是这一时期所建,尚能公寓1~4号楼和崇德公寓8~15号楼也是这一时期所建。第三,学校办学规模进一步扩大,招生人数大幅增加。这十年是学校招生人数不断大幅增加的十年,2010年学校招生人数达到3 000人,到2010年底,学校在校生人数近万人。

四、历史跨越(2010—2014)

在过去的10年中,学校也一直在努力尝试升格办学层次,但是未能如愿。2010年9月,杨广耀任学校党委书记,韩保清任学校党委副书记、校长,新的领导班子成立后,提出了要把学校建设成为一所让学生有自豪感、教师有尊严感、管理及工勤人员有成就感的大学的发展目标,因此,学校迎来了一个跨越发展圆梦时期。

(一) 飞速发展

在历史跨越这4年中,学校以升本为目标,提出了新的发展思路,即以化解债务、创新融资为突破口,全面改善学校办学环境,全面提升学校办学质量,全面提升学校办学层次,全面提升学校服务社会的能力。经过四年的不懈努力,学校在师资、实验教学设备、图书馆建设、科研实力等方面都取得了丰硕成果,各项指标都达到了升本条件。

1. 获得资金支持

阳泉市政府为学校划拨土地补偿款 8 000 万元，为学校新图书馆建设提供专项资金 2 000 万元，帮助学校申请了 1 亿元贷款的 3 年贴息的政策。在市政府的协调下，市财政局暂为学校垫资 2 000 万元用于偿还商业银行到期贷款。这 1.4 亿元的资金缓解了我校的资金困难，解决了制约学校发展的突出矛盾，为学校的良性发展奠定了良好的基础。

2. 创新融资进行基础建设

(1) 新建功能建筑。第一，在市政府和阳煤集团的援助下，启动了 24 376 平方米的新图书馆建设工程。第二，在开发区的援助下，完成了南大门、校前区广场的建设工程。学院桥通车后，师生主要走学院桥进入学校，旧校门已经很少有人出入，新校门和前区工程完工后，学校的面貌焕然一新。第三，引进阳泉双龙实业有限公司，启动了 18 000 多平方米的新学生公寓建设工程，缓解了多年来学生人数增长引起的住宿紧张这一突出矛盾。第四，引进民营企业家完成了 2 000 多平方米的健身中心，自此，我校拥有了校内正规健身机构，解决了学生运动健身的诉求。

(2) 续建烂尾工程。首先，盂县政府援助完成了东操场续建工程，广大师生期待已久的标准体育场投入使用，学生锻炼的积极性和热情空前高涨。其次，平定县政府援助启动了停工 6 年的体育馆续建工程，体育馆建成后，拥有了校内游泳馆，学生游泳无须再出校门了。再次，南煤集团援助完成了思源楼改造工程，这栋学校建设之初即投入使用的实验楼以它的崭新面貌呈现出了最美好的样子。

(3) 道路硬化、校园围墙配套工程。在郊区政府的援建下，修建了近 500 米的学院围墙，学校自建校以来就保持校园开放的状况一去不复返，学校安全管理工作又上了一个新的台阶。在市交通局的援建下，学校 3.9 公里的道路得到整修硬化，形成了四纵、四横 8 条主干道。

(4) 校园绿化、美化工程。针对学校种植树木、绿地、草坪无规划的状况，实施了校园绿化、美化工程。市林业局提供了 30 万元绿化费用和各种草籽幼苗，学校投入 200 多万元对校园内 20 多块闲置荒地有计划地进行了种植和播撒，共种植各类树木 2 000 多颗，整修绿地草坪 1 万多平方米。自此，我校校园内四季常青、绿树成荫，现代化花园式校园的美誉实至名归。

(5) 大型设施移建工程。在阳煤集团和阳泉供电局的大力帮助和支持下，横穿学院的 3 条高压线彻底移出校园中心区域，高压线附近不能进行校园建设的问题得以解决，学校有效面积扩大，高压线带来的安全隐患彻底排除。

(6) 阳泉市政府有力协调和市国土资源局、住房和城乡建设局、规划局等部门，支持完成土地证、房产证办理工作，困扰了学校发展多年的土地证和房产证问题得以解决。

（二）曲折艰辛，圆梦本科

1. 惜败经历

2012 年 12 月 18 日，教育部专家第一次来我校进行考察，2013 年 1 月全国高等学校设置评议委员会成都会议上以 2 票之差遗憾未能升本成功。

2. 批准筹建

2013 年 6 月 19 日，在山西省教育厅领导和学校领导的多方努力下，教育部下文同意在太原理工大学阳泉学院(资源)的基础上筹建阳泉工程学院。学校作为准本科院校的身份得以确立。

3. 升本成功

2013 年 12 月 30 日，教育部再次组织专家来校考察。2014 年 2 月 28 日在全国高等学校设置评议委员会上海会议投票中，学校升本获全票通过。

4. 校名确立

2013 年 5 月 27 日，教育部同意在太原理工大学阳泉学院(资源)的基础上建立山西工程技术学院。至此，学校进入本科院校行列，学校的发展掀开了新的历史篇章。山西工程技术学院的建立，标志着阳泉第　所本科院校的诞生，实现了我校办学层次的历史性跨越。

建立山西工程技术学院碑记

学院始于一九八四年山西矿院阳泉煤专班，两年后易址于市郊现址，更名阳泉煤炭专科学校。一九九〇年划属省辖，二〇〇一年增挂太原理工大学阳泉学院，开始本科教育。翌年，省市协力，一桥飞架南北，学院入市区版图。二〇〇三年规划升本，二〇〇九年申报未果。

二〇一〇年秋，学院班子重新调整，面对现实唯有发展，升本梦想再次点燃。全院师生凝神聚气负重前行，万众一心以提高教育质量之举，寻提升办学层次之梦，深得省级领导重视，全市上下响应。省教育厅创新工作思路，阳泉市划拨上亿资金，周边县区赞助千万巨款，相关部门同心并力，涉煤企业尽其所能，百万市民翘首以盼。两年余，校容校貌焕然一新，内涵建设成果斐然，办学指标实现翻番。教育部专家两次进校考察，二〇一三年六月十九日同意筹建阳泉工程学院，二〇一四年五月二十七日批准设立山西工程技术学院。自此，山西再现煤炭特色之大学，阳泉告别无本科院校之历史，学院跻身山西二十三所本科之第五所工科院校。目前，学院正副教授数百，占地面积千亩，在校学生上万，教学设备过亿，初步建成教师有尊严感、学生有自豪感、职工有成就感之地方应用型本科院校。

山西工程技术学院三十而立实属不易，师长当竭力尽责、传道授业，学子应笃学勤思、崇德尚能。今朝诸生因十年升本之壮举受益，明日母校以英才报国之伟业闻名。兹立碑铭记，颂扬各界教育为先、无私奉献，激励师生教学相长、发奋图强，昭示后人尊师重教、功德永存。

二〇一四年九月十九日立

阳泉各界人士也为学院办学层次的提升表示出极大的欣喜，以不同的方式予以表达。

学院赋

刘满成

阳泉者,"漾泉"也。晋东门户,京畿藩屏。区位优越,战略要冲。矿藏丰饶,煤铁扬名。城市沿革,辖三区两县;岁月变迁,多名仕才俊。冠山书院显赫一时,保晋公司享誉三晋。进士之乡,文献名邦;崇文重教,自古昌盛。

学院择址于阳泉城郊,开发于五渡之邻。门迎山城之气,桥架腾飞之梦。寒来暑往,风雨兼程。振铎兴庠建名校,滋兰树蕙育新人。师长无私奉献,学子笃学发奋。秉承崇德尚能、行知合一之校训,发扬勤奋严谨、团结进取之校风。几经易名,建制日臻。全市响应,各界齐心。扩校升本,众志成城。营千亩院区,楼堂馆舍井然有序;聚万名学子,软硬建设成果骄人。

格升本科,山城因之溢彩;运启甲午,学院卅载圆梦。国运兴隆,崇德尚文。承继先贤,杏坛声震。跻身三晋工科之列,亮相九州大学之林。创新实践,教学与就业并进;服务地方,学院与企业双赢。

噫吁嚱,汲漾泉之甘露,承先贤之遗风。聚四海贤达,育天下精英。求学于斯,自人杰地灵;负笈此院,定名就功成。

五、学校现状

(一) 基本情况

1. 概况

我校位于"中共第一城"阳泉市,学校占地面积 1 105.49 亩(1 亩=666.67 平方米),校舍总面积 25.74 万平方米。学校依山而建、错落有致,从校园北门口到学校最高点的水塔公园,最大落差高达 67.5 米。校园里四季常青、绿树成荫,是一所现代化的花园式校园。因学校所处的特殊地形,学生进入学校一路向上,取义"大学殿堂,深入基层"之意。

2．道路

我校有四纵、四横 8 条主干道：自北向南的依次命名为同泉路、朔泉路、长泉路、运泉路 4 条道路，合起来就是“同朔长运”，意指学校将走上快速发展的道路；横贯西东的是吕泉路、晋泉大道、忻泉路以及太泉路，合起来就是“吕晋忻太”，是伙伴一起提升、高兴，进而达到极致的意思。这 8 条道路的命名也极具山西地方特色，取山西部分地市的地名简称作为第一个字，再加一个“泉”字得来。进校门的主干道取名为晋泉大道，其中的晋是山西简称。这样的命名方式会使学生来学校后有回家的感觉，彰显了学校以学生为中心的理念，始终在学校管理工作中体现对学生的人文关怀。

3．教学和生活区域

学校的教学和生活区域主要包括教学区域、公寓区域、服务区域、运动休闲区域 4 大块。教学区域包括 2 个图书馆，勤学楼、致学楼两栋教学楼，思源楼、思齐楼、思辨楼 3 栋实验实训楼，实习工厂和在建的煤矿实景培训基地 2 个实训基地。其中煤矿实景培训基地是我校与阳煤集团合作建设的，投资达 1.2 亿元，建成后将解决我校煤矿类专业实习难的问题，这也是我校积极开展校企合作、建设应用型本科院校、重视实践教学的一个缩影。公寓区域包括崇德公寓和尚能公寓共 22 栋宿舍楼。服务区域有梦华苑、梦清苑、学汇苑、学聚苑、学致院 5 个综合食堂，食堂的碗筷统一消毒，食材都是统一采购，确保将食品安全落到实处。运动休闲区域包括操场(2 个)、体育馆(游泳馆)、羽毛球场、网球场、篮球场、健身中心，等待同学们挥青春汗水，展矫健身姿。

(二) 以德育人，成果喜人

2017 年，我校成为山西省高校思想政治工作协同育人中心 8 个培育院校之一，同时获准的其他 7 所高校都是山西省办学历史长、办学水平高的老本科院校。中心成立以来积极开展各项建设工作，已取得了一批优秀的德育成果。

(三) 专业和学科建设情况

1．专业建设方面

学校有机电、建工、信息、矿业、地环、管理、经贸、社科 8 个教学系，体育、基础和继续教育 3 个教学部。学校现在有 25 个本科专业，其中，工科专业 18 个、理科专业 1 个、经济学专业 1 个、管理学专业 4 个、法学专业 1 个，已形成涵盖理、工、经、管、法 5 大学科门类的专业结构布局。优势特色专业建设成果丰硕，土木工程、测绘工程、机械设计制造及其自动化 3 个专业获评省级优势专业，采矿工程专业获评省级特色专业。

2．学科建设方面

材料科学与工程学科 2017 年被确定为全省 30 个优势特色学科之一，是山西省“1331 工程”重点学科建设计划首批支持学科。山西省以实施“1331 工程”为切入点和总抓手，努力建设一流大学和一流学科，突出培育与经济社会重点领域产业高度关联的重点学科及实验室，建立协同创新中心，为我省深化转型综改、实施创新驱动提供人才和智力支撑，将成为我省经济发展的“能量池”。

（四）师资队伍情况

早在1931年，时任清华大学校长的梅贻琦就提出“所谓大学者，非谓有大楼之谓也，有大师之谓也”。我们有了大楼显然还不能称之为大学，师资力量决定了学校的办学实力。

学校现有专任教师438人，硕士学历及以上教师占专任教师的75%以上，副教授及以上教师占专任教师的30%以上，其中二级教授1人，三级教授7人。我校有省级优秀教学团队1个，省级教学名师5人，省级“双师型”教学名师3名，省级“双师型”优秀教师13名，省级131领军人才工程第二批人选5名，省级学术技术带头人2名，柔性引进王一德院士为我校特聘教授。现在，我校初步打造了一支结构合理、专兼结合的教师队伍。在接下来的时间里，这些老师将为大家传道、授业、解惑，将带领大家学习知识，投身实践，帮助大家获得知识，获得能力，更获得成长。

（五）实验室建设情况

学校现在有60个校内实验实训室，3个山西省高等学校实验教学示范中心，2个山西省虚拟仿真实验教学中心以及60个综合性、专业性较强的校外教学实习基地。煤炭深加工与利用实验室、GE智能平台实验室、工程力学分析实验室、量子调控产业应用研究中心实验室被批准为阳泉市重点实验室。并且学校建立了云泉绿色材料实验室、挂牌共享山西省院士专家企业协作中心云泉工作站。

（七）科学研究情况

学校师生发表学术论文、出版专著、主编或参编规划教材是开展科学研究的主要形式，且成果斐然。现在，学校是国家自然基金委依托单位，获批山西省自然科学基金项目4项、教育部学校绿色发展研究基金项目1项；与其他单位合作成功申报山西省科技成果转化引导专项、山西省煤基低碳科技重大专项，获得省教育厅科技成果奖一等奖。在2016年太原国际能源产业博览会上，我校有12项山西省自然科学基金项目和高校科技创新成果展出。学校培育建设了新型建筑材料、煤矿安全、量子调控产业应用研究等6个协同创新团队；与中科曙光、中软国际、阳煤集团等大型企业签订了协议，共建专业，共建实验室，共同培养人才；与山西莹玉陶瓷有限公司等单位建立的山西省陶瓷产业技术创新战略联盟，申报成为省级产业技术创新战略联盟；出版了校刊《教研与科研》，开设清泉讲坛，举办各类科研讲座和学术交流活动。我校学术氛围日益浓厚。

六、校训、校风、校徽、校旗

（一）校训

山西工程技术学院的校训是“崇德尚能，行知合一”，如图所示。

“崇德”见于《尚书·武成》“惇信明义，崇德报功”。崇是推重提倡，德最常见的用义就是道德，道德对于个人、社会都具有基础性的意义。崇德，意在告诫师生彰明伦理、完善品德，引导全校师生注重品德修养这一做人的根本。校训把崇德列于首位，体现了我校把“立德树人”作为教育的根本任务，把德育工作贯穿于教育教学始终的办学理念。

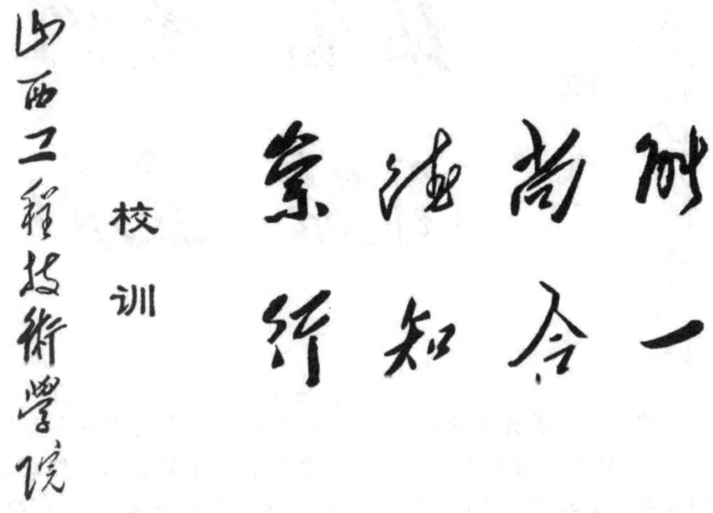

“尚能”改自《离骚》“纷吾既有此内美兮，又重之以修能”。尚是尊崇、注重，“能”就是能力，是完成一项目标或任务所具有的主观条件。“尚能”倡导广大教师弘扬严谨治学、潜心钻研的精神，努力提高自身的教学能力、科研能力和社会服务能力，激励学生不断提高学习能力、创新能力、实践能力、交流能力和社会适应能力等各种能力。

“行知合一”出自明朝思想家王阳明“知行合一”的思想。“行知合一”意在引导全校师生坚持理论联系实际，用理论指导实践，用实践来检验理论，努力培养理论与实践相结合的人才，这深刻地反映了与时俱进、科学发展的时代精神。我校校训将“行”置于首位，意在强调学校以培养应用型人才为主要任务。

“崇德尚能，行知合一”的校训，表明我校的办学理念是：坚定不移地维护党中央权威和党中央集中统一领导，为实现“两个一百年”奋斗目标，实现中华民族伟大复兴的中国梦，为国家培养又红又专、德才兼备、全面发展的符合经济社会发展需求的应用型人才。

（二）校风

学校自建校以来，在全校师生的共同努力下，形成了“勤奋、严谨、团结、进取”的校风，营造了良好育人环境。这八个字是学校办学历史和优良传统的高度浓缩，是校园文化的重要组成部分，也是激励师生员工开拓创新、奋发图强的精神旗帜，充分发挥了凝聚人心、激励人心、提升内涵、树立形象的作用。

（三）校徽

学院的校徽设计整体为圆形，分为上、下两部分构图。上半部分是一个半圆的齿轮图形和山体的形状：半圆的齿轮图形突出了“工程”的概念，亦像太阳的光芒，寓意着学院

山西工程技術學院

校风

勤奮嚴謹 團結進取

培养的人才为地方建设提供着光和热；山体的形状取自“煤”字的拼音字头“m”，含有巷道和铁轨的煤矿元素，彰显了学院的办学历史，寓意着学院在美丽的山城崛起。下半部分采用了具有强烈透视感的线条，预示学院培养的人才如源源不断的甘泉渗透大地，如能源之火以燎原之势向四面八方辐射。

（四）校旗

学院的校旗设计采用了蓝色为主色调，旗帜上的校徽和中英文校名以蓝底白字，蓝白色的对比鲜亮自然、活泼文雅，蓝色象征着理性与思考，象征着学院师生对工程技术的追求永无止境，也体现了一种大胆探索的科学精神。

山西工程技術學院

校旗

七、标志性雕塑

下图为我校自主设计的学校标志雕塑，学生们亲切地把她称作“火龙果”，其实她的官方名字叫作“能源之火”。这个雕塑的内部是一个黄色的球，黄色代表黄金；外部是燃烧的火焰，代表发出光和热。整个雕塑的寓意为“是金子总会发光的”，意在激励全校师生奋发向上。雕塑周围配以圆形的绿植，代表绿色清洁能源，呼应国家生态文明建设和可持续发展的时代主题。

八、学校发展方位

中国特色社会主义进入了新时代是我国发展新的历史方位。经过30余年的不断努力，学校发展正处于以下方位：

(1) 我校是山西省28所本科院校之一；

(2) 我校是阳泉市第一所本科院校，也是唯一一所本科院校；

(3) 我校是山西省6所向应用型转变试点院校之一；

(4) 我校是教育部数据中国“百校工程”产教融合创新项目20所培育院校之一；

(5) 我校是山西省高校思想政治工作协同育人中心8所培育院校之一；

(6) 我校是山西省“1331工程”首批30个重点支持的优势特色学科所属院校之一；

(7) 2017年，用了仅仅3年的时间，我校高考招生财务管理、工程造价、电气工程及其自动化3个本科专业从2B提到了2A批次；

(8) 2017年《广州日报》应用型本科高校排名，我校已经超越我省5所本科院校，进入前400名；

(9) 2017年软科中国大学生生源质量排名，我校超越山西省早于我校升本的其他5所公办普通高校，位列山西省28所高校第16位，全国高校排名第475位。

第二节　应用型的大学建设在路上

一、你知道“应用型”吗？

(一)“应用型社会”的必然需求

21世纪，社会逐渐演变成为科学、技术、生产一体化的社会，生产力的发展、生产实践将更加依赖科学技术的进步。随着科学技术的飞速发展，生产便从劳动密集型向高科技密集型转变。就我国而言，产业机构调整势在必行，将长期处于劳动密集型和高科技知识密集型并存的局面。

现代工程日益体现出其实践、应用、综合和创新的特点。这一方面要求从事科学研究技术发明的专门人才要了解生产实际，更加直接地为社会生产服务；另一方面则要求从事生产实践的技术人才务必具有宽厚的理论基础，以便能较快地理解和掌握新技术，保证科技成果向现实生产力的快速转化。

毫无疑问，随着科学技术快速而直接地向生产经营领域的各个方面的渗透，生产一线的传统工人将肯定不能满足现代化生产的要求，即使是现有的专科层次的技术人才，也将不能完全适应其要求。在这种情况下，提升应用型工程技术人才的培养层次，培养

本科层次甚至研究生层次的高级技术应用型人才是当前和未来社会对应用型人才培养的必然要求。

（二）“应用型本科”的办学定位

应用型本科指以应用型为办学定位，而不是以科研为办学定位的本科院校，现阶段一般包括所有的本科第一批、本科第二批录取院校。应用型本科教育对于满足中国经济社会发展、对高层次应用型人才需要以及推进中国高等教育大众化进程起到了的积极作用。2014 年 3 月，中国教育部改革方向已经明确：在全国普通本科高等院校 1 200 所学校中，将有 600 多所逐步向应用技术型大学转变。

对同一种类型的高等学校来说，其核心竞争力在于办学特色。这种办学特色体现在办学理念、办学风格、培养目标、学科水平、人才培养、课程体系、实践能力、管理方式等诸

多方面表现出来的、与众不同的、独特的东西。在激烈的市场竞争中，各高校正是用自己的个性和特色去参与市场竞争，用自己的办学水平和声誉去赢得市场，用自己的优势和能力获得发展机遇。因此，新建本科院校必须考虑自己的特色是什么，选准自己的核心竞争力。

（三）“应用型人才”的培养特点

总的说来，新建本科院校应根据市场对人才的需要、本地区的社会经济状况以及学校的实际情况，科学定位，立足于应用型人才的培养，制定科学合理的人才培养方案，不断建立和完善科学的人才培养体系，着重培养应用型、复合性的本科层次的人才。

本科层次应用型人才，从字面上来看应包含两个特征：一是在层次上是本科教育，必须符合国家对本科教育的人才培养目标和人才培养质量的基本要求；二是在类型上是应用型，其将来从事的工作是生产一线的技术应用和管理，这是应用型本科教育的核心，也是应用型本科教育科学定位和办学方向的着眼点。“本科”和“应用型”决定了本科层次应用型人才培养在培养目标、培养过程、培养途径等方面，既不同于办学条件多年的老本科教育，也不是三年制高职高专教育的简单扩展，而是一个全新的高等教育模式。

应用型本科教育是以培养具有实际应用能力、创业能力的高级应用型人才为目标，其教育服务领域主要面向现代社会的高新技术产业，为行业经济和区域经济建设，为生产、建设、管理、服务等一线岗位培养直接从事解决实际问题，维持工作精、准、稳地正常运行的专门化人才。这种人才具有综合性、复合性的特征，是现代技术的应用者、实施者和实现者。

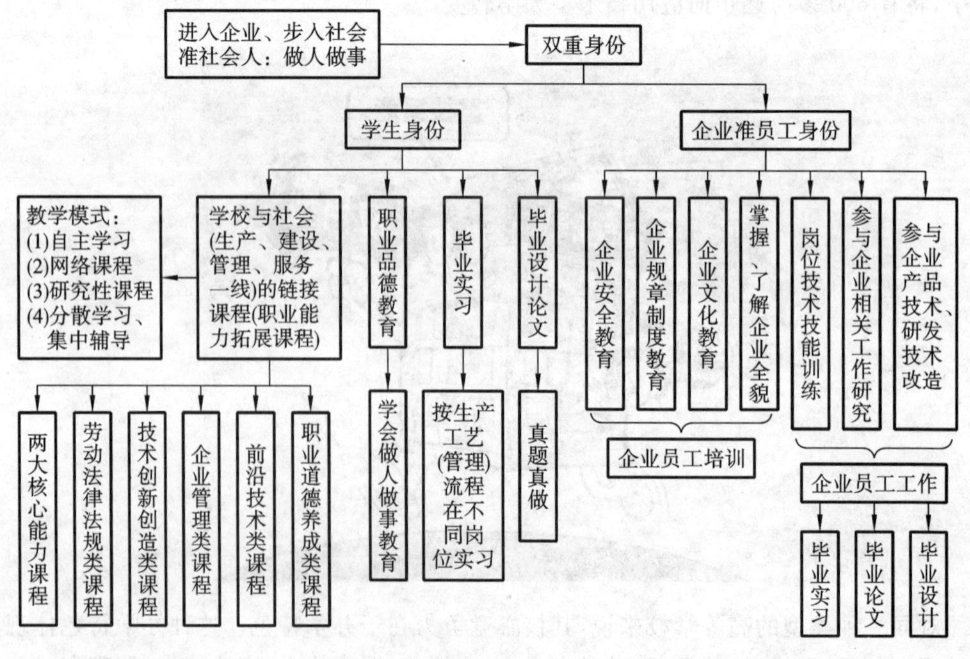

与精英化高等教育或研究型大学的人才培养模式相比较，应用型人才的培养模式主要有以下特点：

（1）应用型人才在培养目标上，培养的是具有创造潜力的技术和技术开发的应用型人才，体现为以通识为基础的技术应用人才；

（2）应用型人才的知识结构是围绕着一线生产的实际需要加以设计，在课程设置和教材等基本环节上，特别强调基础、成熟和实用的知识，而相对忽略对学科体系的强调。

二、雄关漫道真如铁，而今迈步从头越

我们应思考的问题是国家政策、社会需求、地方特色，还是招生就业？是入口，还是出路？

地方高校若想真正实现转型，重点在于行动。正如我校由专科转为本科的第一次转型一样，要有具体的动作，要有动作之后的效果。今天的应用型建设亦是如此，是否进行了转型要看路径选择。方向有了，选择了具体的路径，目标是培养应用型人才，那么，转型就在路上。高校只有深刻理解应用型人才培养的内涵，对人才培养的规格、学科建设、课程建设、师资队伍建设等方面进行深入的考虑，全局谋划，不把培养应用型人才简单地理解为培养一线的操作工人，这样才能找准自身发展与提升的路径，实现人才培养目标。那么，对于我校这样一所地方普通本科院校而言，转型该如何进入？又将达到怎样的效果？

我校“立足阳泉，面向山西，辐射全国，为区域经济和行业发展培养综合型、应用型、技能型高级技术人才”的办学定位，也要求我们要不断增强教育综合改革的责任感、紧迫感，推动我校科学发展、内涵发展、特色发展，创新人才培养机制，提高服务地方经济社会发展的能力，并适应当前国家高等教育改革发展态势，围绕内涵发展的总体要求，积极推进科技创新能力、服务综改能力和人才支撑能力三个能力建设。

（一）做好顶层设计，规划学校转型发展

按照学校顶层设计和发挥基层首创精神相结合的原则，整体规划、分步实施学校的转型发展工作。建立政府、行业、企业、学校共同管理学校的理事会机构，共同参与学校管理、学科专业建设、人才培养和课程开发，明确理事会职责，出台理事会章程，依法治校。

（二）转变教育观念，引领学校转型发展

一要开展“解放思想、转型发展”大讨论活动。围绕“为什么要转型，转型要转什么，怎么实现转型”“我们要办一所什么样的学校，怎样办”“培养什么样的学生，怎么培养”等关键问题，开展大讨论活动，突破传统办学和教育观念的束缚，为学校转型发展奠定良好的思想基础。二要请进来、走出去，开展广泛调查研究和交流学习。邀请境内外职业教育和应用技术类型教育知名专家来校专题指导，并派出管理骨干、专业和课程负责人、教师骨干外出考察培训，借鉴国内外应用型高校办学经验，促进教师更新观念，发自内心的

参与转型。

（三）实施项目建设，推动学校转型发展

分批遴选适合应用型本科人才培养需要，在专业理念、人才培养模式、专业课程体系、专业实践教学等方面有一定特色的专业作为转型示范专业进行重点建设，将转型工作落实到具体专业上。结合学校“教学质量与教学改革工程”项目实施，确立一批“学校转型发展”改革研究项目，以及一批应用型本科人才培养的特色课程、精品教材、典型专业实训案例、实践课程建设研究等项目。各教学单位应确定重点建设项目并按要求制定“改革实施方案”，教务处要制定项目管理办法和相应激励制度。

（四）健全教育质量保障体系，提高教育教学质量

一要以评估为抓手，提高教学改革的力度和深度。健全教学评估机制，实行本科专业以 6 年为一周期的校内评估机制。将评估结果作为系部人才引进、教师职称评审、专业招生数量的重要依据。以评估促改革，以改革促发展。二要改革教师教学效果评价体系，建立校、系两级教学效果评估指标，建立效果评价、专家评价、教师自评、学生评价相结合评价体系。三要完善科学合理的学生综合评价体系，以诚信、品德、创新创业能力、实践能力、学习成绩评价为主，不断完善和丰富学生评价指标体系，改革学生考试考核方法，为提高教育教学质量和改进人才培养方案提供依据。

（五）深化校企合作，推进产教融合发展

紧紧依托七大煤业集团和各行业协会，深入推进“产教融合、校企合作”工作。一要创新合作理念。按照“学校与企业结合、教室与车间结合、教师与师傅结合、学生与学徒结合、作业与产品结合、教学与生产结合”的基本思路，以教学系为主体，试行“现代学徒制”，广泛开展专业与行业的实质性无缝对接。二要拓宽合作领域。根据与企业“共订培养方案、共开专业课程、共同编写教材、共同开展科研、共享师资设备、共建实训基地”的基本要求，开展形式多样的合作共建、联合研发和订单培养，共建技术开发服务平台。三要建立合作机制。在我省“企业参与校企合作的财政、税收激励政策”出台之前，积极宣传国家政策导向，增强企业合作信心，建立有行业和用人单位参与的专业建设指导委员会制度和校企双向任职制度。

（六）完善制度，促进教师下企业实践锻炼

第一，制定教师下企业实践锻炼制度实施细则和管理方法，从制度、机制层面规范教师企业实践行为，确保工作顺利开展并取得成效。第二，开展多方评价，注重教师企业实践的过程监控，建立企业对教师实践的综合评价和实践成果评价制度，把教师在企业的工作态度、参与产品、技术研发纳入考核范围。第三，建立科学合理的奖惩激励机制，将教师企业实践工作纳入绩效评估考核体系，作为绩效考核、教师聘任、职称评定、评先选优的重要指标。同时要落实教师企业实践经费和实践过程中的相关待遇，明确规定教师实践期间，校内教学工作量津贴参照相应职务教师标准予以发放，并另外给予交通和食宿补助。

（七）加大信息化建设力度，助力学校转型发展

对已有的设备资源进行分类汇总，完善信息化建设的基础设施，建设好学校门户网站。对现有的应用系统进行收集分析，与国内知名大学合作开发应用系统，建设符合应用型人才培养的管理服务平台。加快信息技术与专业课程的深度融合，建设应用型人才培养教学资源库，全面促进信息技术在教学实践中的应用。

三、路漫漫其修远兮，吾将上下而求索走过的"应用型"路

（一）创业培训初见成效

我校被阳泉市人民政府授予"创业培训基地"称号，并被山西省人力资源和社会保障厅授予"山西省职业培训示范基地"称号。

2013 年，在阳泉市人力资源和社会保障局和各单位的支持配合下，对毕业生大力进行创业培训，并获得了"阳泉市 2013 年度大学生创业培训先进单位"的荣誉称号。

（二）撸起袖子加油干，砥砺前行谱新篇

按照《山西工程技术学院处级以上干部调研工作实施方案》文件精神，校领导多次到企业进行实地调研。

(1) 2017 年 12 月 14 日，我校党委书记韩保清教授带领副校长王玉清、姜俊兵、王振林，以及部分系部和职能部门负责人一行 16 人到阳煤集团寿阳化工有限责任公司和阳

煤集团三矿煤业有限责任公司进行调研。

(2) 2017 年 12 月 14 日,校长卫英慧教授一行到山西华通蓝天环保有限公司(简称华通蓝天)调研。华通蓝天总经理王殿勋高级工程师、技术负责人高贵明高级工程师等热情接待了卫校长一行。按照“阳泉工业企业创新能力和发展需求研究”的调研主题,双方就华通蓝天的创新投入能力、协同创新能力、知识产权能力、创新驱动能力共包括的 12 个二级指标和 24 个三级指标进行了交流。

(3) 2017 年 12 月 28 日,校长卫英慧教授带领科技产业处人员到山西兆丰铝电有限责任公司进行调研,总经理魏迎辉总工程师、生产部长金图强、生产技术主管周波等热情接待卫校长一行。双方就“阳泉市工业企业创新能力及发展需求”的调研主题,针对校企合作的优势,进行了深入交流。

(4) 2017 年 12 月 29 日上午,校党委书记韩保清教授带领纪委书记魏克敏、土建系主任陈永峰一行到我校产学研合作单位平定莹玉陶瓷有限公司和平定县冠窑砂器陶艺有限公司进行调研。

(5) 2017 年 12 月 5 日,阳煤集团直属子公司山西科林矿山检测技术有限责任公司李浩总工程师一行来我校商量合作技术攻关事宜,姜俊兵副校长对李总一行表示热烈欢迎,双方就煤矿工作面(回风巷)煤尘清洁技术问题开展合作攻关达成共识。双方同意以我校矿业工程系为基础,吸收国内相关领域高水平专家以及我校相关专业教师组成课题组开展研究。矿业工程系和科技处负责人出席了会议。

(6) 2018 年 1 月 11 日,由郊区科技局牵头组织,阳泉中科赢创企业管理咨询服务有限公司协调,我校科技产业处张润平处长带领郭劲言、董作峰等一行到阳泉市鑫盛瓷业有限公司调研。

(三) 校企合作持续深化

我校是一所行业背景深厚和专业特色鲜明的地方性应用技能型高等院校,办学 30 年来,始终紧密结合阳泉市经济社会发展需求,认真贯彻国家教育方针,依法办学,规范管理,办学特色更加鲜明,办学层次跨越提升,人才质量明显提高,服务能力不断增强,社会影响不断扩大。特别是近年来,在全院教师和科研工作者的积极努力下,大家的科研热情不断高涨,科研视野不断拓展,科研项目不断增加,科研成果不断涌现,科研水平不断提升。

(1) 2014 年 7 月中旬,韩保清院长(时任)带领学生处、采矿系、机电系、地测系、校工会等部门负责人,对山西焦煤西山煤电集团公司东曲矿、西曲矿、马兰矿、屯兰矿、镇城底矿,中冶三局,山西省地质勘查局,山西省地震局,山西省煤炭地质水文勘查研究院等多家用人单位进行了访问调查,用人单位领导热情接待韩院长一行,并进行了沟通交流。

（2）2014 年 11 月，阳泉市科技局·山西工程技术学院“校企合作、协同创新”技术需求对接会在我校举行。按照教育厅的要求，我校积极开展内涵发展，提升“三个能力”推进应用型本科院校建设工作。会上制定了《2014 年阳泉市科技局·山西工程技术学院“校企合作、协同创新”技术需求对接会实施方案》，就我校和阳泉市 40 多家企业技术对接做了布置。

在阳泉市政府和各企业的大力支持下，我校不断发挥自己的科技资源优势，推进阳泉市企业与我校的科技合作，促进科技成果转化，为阳泉产业优化升级提供技术支撑，实现校企合作“科技创新”，稳步提高我校和地方企业科技创新水平，发挥我校原有的应用性、技能性煤炭传统优势的同时，坚定地走特色发展之路。

（3）2014 年 11 月，山西工程技术学院机械电子工程系工业设计专业教学、校外实习基地在山西阳泉平定刻花瓷文化园正式签字挂牌——“山西古窑文化有限公司—山西工程技术学院实习基地”，我校与平定刻花瓷文化园相互合作、互利共赢的初衷。

（4）2016 年 5 月，我校管理系与阳泉市驿拓电子商务有限责任公司和阳泉中科盈创企业管理咨询服务有限公司，合作教学开设了“微营销创业”“大学生创业能力提升训练”2 门选修课程。课程以实际操作为主，每门课程 24 个学时、2 个学分。授课教师为合作企业方组织的具有丰富的创新、创业经历和企业管理经验及熟练技术技能的工作人员。

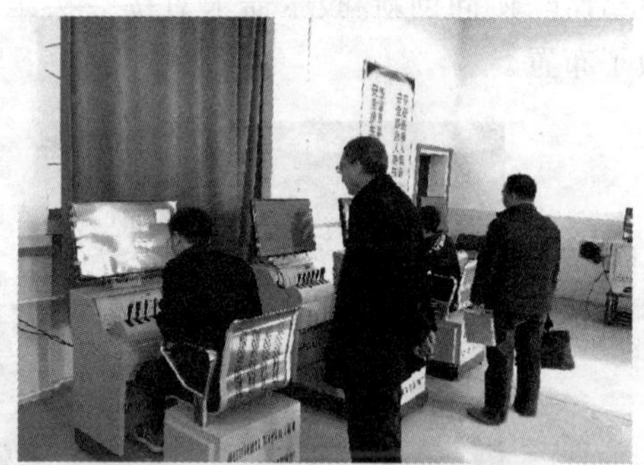

（5）2017 年 11 月，我校煤矿开采（煤层气）实训基地建设项目通过省教育厅验收，有利于我校加大实训基地的开放和共享，不断提升实训基地的社会服务能力。

（四）应用型建设大事记

2017 年底，“新时代校企深度融合协同发展高端论坛”在我校胜利召开。为践行党的十九大精神，落实《国务院办公厅关于深化产教融合的若干意见》，深化高等教育产教融合改革，发挥企业重要的主体作用，促进教育链、人才链与产业链、创新链有机衔接，进一步做实山西省“1331 工程”，体现应用型本科办学特色，全面提升人力资源质量，服务阳泉经济建设，2017 年 12 月 24 日在山西工程技术学院报告厅，山西工程技术学院与阳泉市工商业联合会、阳泉市企业联合会、阳泉市发明协会共同主办了“2017 年新时代校企深度融合协同发展高端论坛”，共襄校企合作发展建设大计。

论坛的主旨是“新时代、创新、合作、共享”。论坛形式包括开幕式、主题发言、合作签约、专题研讨、企业考察、闭幕式。此次论坛是我校建设应用型本科高校、服务当地经济的重要会议，是新时代校企合作、深度融合、科学管理。

会上，山西工程技术学院分别与阳泉市工商业联合会签订了“新时代校企深度融合协同发展”合作协议书，与阳泉市农村服务中心签订了“校企深度融合服务阳泉精准扶贫”合作协议书，与阳泉市企业联合会签订了“校企融合谋发展，精准服务增效益”合作协议书，与阳煤集团财务部签订了“新时代高级应用型财务人才培养与企业财务问题解决”合作协议书，与山西天元集团签订了“新时代企业文化建设”合作协议书。

（五）桃李满天下，校友共推应用型建设

我校持续走以培养基础扎实、技能熟练的应用型技术人才之路以使学校学生能在社会上站稳脚跟，做出成绩。

高平、陵川校友（晋城市、霍州煤电的校友）定期回访，亲切座谈。学校负责人给他们介绍了聚气凝神、团结一致、拼搏奋斗的新风貌，对学校的教学、科研及外延发展进行了详细的介绍。校友们观看学校宣传片后，对学校的发展状况倍感鼓舞。

晋普山煤矿范晚生副矿长对学校的发展表达了真诚的祝福，祝愿学校能够保持旺盛的战斗力，继续加快发展的步伐。晋煤集团人力资源管理中心绩效考核部秦云海部长、古书院煤矿李林副矿长等校友提出，由于煤矿的兼并与扩张，目前煤矿需要大量的工程地质方面的人才，希望学校注意适时调整人才的培养结构，促进学院的良性发展。晋煤集团建立了四校两院参与的煤层气化研究基地，希望学院能加强与他们的合作，并愿意为母校牵线搭桥。阳城县张郑军董事长、刘二红副局长回顾了学校的艰苦岁月，对学校翻天覆地的变化和学校的升本表达了真诚的祝福，并提出学校要重视产学研，重视依托大企业培养人才是符合当前人才培养要求的，应以此为主要办学模式之一，并坚持不懈。霍州煤电集团有限责任公司张勇矿长建议暂时压缩采煤专业招生，增大机械方面的招生

人数，并建议建立校办企业，为学生实习提供良好的环境。

山西工程技术学院太原市建筑行业校友会以“学习、交流、互助、合作”为服务宗旨，遵循“平台决定视野，资源成就伟业”的理念，通过整合校友资源，致力于成为同学与同学、同学与大学、同学与业界、同学与各级政府之间联系的纽带，为会员搭建值得信赖的平台；加强会员之间、会员与学校、会员与各地校友之间的联系和交流；促进会员之间的了解，优势互补、资源共享、团结合作；为社会经济发展服务，为会员事业发展服务，为学校建设与发展服务。校友会表示一定关心、支持母校，为促进母校教育事业的发展提供支持和帮助。

四、太平之世最尚者工，尊贵者工之创新器

太平之世无所尚，所最尚者工而已；太平之世无所尊，所尊贵者工之创新器而已。

——康有为

（1）2017 年 11 月，为了加强学生工程实践能力和创新精神的培养，适应应用型本科发展的需求，我校举办了山西工程技术学院第一届机械装配技能大赛。本次大赛的成功举办极大地振奋了同学们学好理论、攻克技能的信心，在全校学生学习风气日渐浓厚的同时，技能水平得到进一步的提升，推动我校向应用型本科转型发展迈向新的台阶。

（2）2017 年 12 月 12 日，全国大学生数学建模竞赛成绩揭晓，本次我校参赛的 25 组队伍中共有 22 组队伍获奖，其中国家级一等奖 1 组，二等奖 3 组，三等奖 5 组，优秀奖 13 组。

（3）2018 年 4 月，信息系 2015 级计算机本科班的 10 名学生在中北大学参加了山西省第九届蓝桥杯个人赛（软件类）省赛，7 名学生在比赛中喜获佳绩。其中，一等奖获得者卢楚炎同学将在五月份代表山西省参加全国比赛。

蓝桥杯全国软件和信息技术专业人才大赛是工业和信息化部组织的大型赛事，已连续举行九届，分为省赛和国赛，省赛一等奖获得国赛资格，省赛一、二、三等奖分别占比赛总人数的10%、20%、30%。本次比赛共有全国近1 100所高校、5万多名大学生参加。由岳俊梅、黄永来老师指导的我校7名学生脱颖而出，喜获佳绩，共取得了C/C++B组(软件个人赛)一等奖1名，C/C++B组二等奖2名，java B二等奖1名，C/C++B组三等奖3名。

(4) 自2016年我校成为山西省应用型本科试点高校后，管理工程系不断创新，大胆探索应用型办学模式，以产教融合、校企合作为突破口，深度融入本地经济社会发展，培养应用技术型人才。2018年1月1日至1月12日，管理工程系2016级物流管理专业学生到阳泉天成煤炭铁路集运有限公司(简称阳泉天成集运)进行了为期2周的生产实习，得到了公司领导的大力支持，在校企合作上实现了大胆的尝试。

五、应用型建设没有终点，永远在路上

“1331工程”是山西省着力提升高等教育服务转型综改创新驱动的重要抓手，2017年我校“1331工程”建设取得了可喜的成绩，2018年我校要紧紧抓住“1331工程”建设契机，深度融入资源型经济转型发展，全面推进我校应用型高校建设的高质量发展。

一是贯彻国发〔2017〕42号文件精神，结合山西产业供给侧结构性改革，按照专业对接产业，专业链服务区域产业链，对本科专业的人才培养方案重新进行论证和修订，推进专业与产业的深度融合；二是发挥煤炭行业传统专业优势，加强与阳煤集团在科学研究、实验室建设、实习实训、师资培训等方面的深度合作，积极推进煤矿实景教学培训基地建设，推进院士工作站、博士后流动站和实验室等项目建设，成立精准开采工程中心和铝镁合金工程研究中心；三是围绕国家支持山西(阳泉)智能物联网应用基地试点建设，加强与中软国际、中科曙光、百度云计算的深度合作，积极推进校企共建专业、共建技术创新基地和科技服务基地，推行校企一体化育人，以实习带动就业，开展订单培养；四是精心打造我校山西省“1331 工程”优势特色学科材料科学与工程学科，加强与贝特瑞新能源科技有限公司、平定莹玉陶瓷有限公司、山西中兴环能科技股份有限公司、阳泉市下千耐火材料有限公司等企业的深度合作，开展耐火材料、陶瓷材料、建筑材料和新兴碳材料等方面的研究，打造新材料科研团队和联盟平台；五是围绕娘子关泉域水源保护、滹沱河流域生态保护、太行山和吕梁山生态修复和系统治理，加强与山西云泉岩土工程科技股份有限公司等企业的深度合作，发挥服务社会功能，开展科研项目研究，推进院士工作站建设。”

总之，地方本科院校在应用型建设中，要以先进的办学理念为核心，明确本校在当地高校和社会经济发展中的地位、发展特色和拓展空间，更要以学生的长足发展为核心，从课程安排、专业设置和合作平台等方面，通过教育教学和实践推动地方本科院校教学质量的提升和应用型人才的培养。

第三节　不忘初心　继续前行

教育的本质

“所谓教育，不过是人对人(尤其是老一代对年轻一代)的主体间灵肉交流的活动，包括知识内容的传授、生命内涵的领悟、意志行为的规范，并通过文化传递功能，将文化遗产教给年轻一代，使他们自由地生成，并启迪其自由的天性。”教育是“人与人精神相契合、文化得以传递的活动”，是使受教育者“顿悟的艺术”，是促进受教育者自觉“生成”的一种方式，“教育即生成”。而所谓生成，就是每个受教育者都能够主动地、最大限度地发挥自己天赋的潜力，使其“内部灵性与可能性”得到充分的发展。“直言之，教育是对人的灵魂的教育，而非理智知识和认识的堆集。”“教师要唤醒人的潜在本质，逐渐自我认识知识，探索道德。”“通过教育而获得反思和辩驳能力，而这种能力也是具有高尚人生境界的一种标记。”教育的目的不是培养某一方面或只具备某种技能、能力、意识的人，而是培养“整体的人”或“全人”。“所谓有教养的人，即按一定时代的理想所陶冶的人，在他那里，观念形态、活动、价值、说话方式和能力等构成了一个整体，并成为他的第二天性。”

从社会角度来看，“教育决定着未来人类的生存，教育的衰落意味着人类的衰落”“教育方面的失误是对未来影响的开端”。所以，“从长远来看，对教育的

疏忽而引起的反响比任何其他因素要更大”。因此，“谁赢得了年轻人，谁就拥有了未来”。(德国哲学家雅斯贝尔斯)

“在教育过程中，师生是平等的参与者，不存在权威与中心。”“师生双方都要进行自由的思索、善意的对话和论争，无屈从与依附的现象。”“教师不靠强制性地灌输，而以反讽的形式，使学生认识到自身的不足，进而唤醒其内部潜在的自动力量，使他们“在探索中寻求自我永无止境的过程”。这种教育不是传递真理性的知识，而是探索、发现真理，“不是知者随便带动无者，而是使师生共同寻求真理”。“对学生而言，由于这种教育是靠自己的努力逐步认识真理、探索道德，他们所受的教育就不单单是增加知识，更重要的是使学生的整体精神得到成长。”(苏格拉底)

一、大学教育的初心

大学的初心首在育人，重在创新，愿在圆梦。今天的大学承担着越来越多的使命和责任，延伸到科学研究、社会服务、文化创新传承，以及国际合作交流，但究其根本，育人才是大学的初心、本质。

教书容易育人难，难就难在一个“理”字上。教育的天赋之责是育人，只有培养出知书达理的学生，才算是成功的教育。孔子把“修身”放在第一位，特别重视“君子人格”的培养，强调“修身、齐家、治国、平天下”，道理就在这里。因此，教育首先要明确培养什么样人的问题，高校在帮助学生获取知识技能的同时，应使学生构建起健全高尚的人格，帮助学生正确认识生活，学会生活，为将来能够在自食其力的基础上，做一个能为社会做出有益贡献的有用、有为之人，竖起一座明亮的灯塔，撑起一片智慧的蓝天！

大学是人类有意义的创造。前期，大学的发展一直处于缓慢状态；而后期，大学的发展一直是在高歌猛进，热火朝天。然而，在这种蓬勃中，大学的初心却渐行渐“冷”。

很有趣的一件事情是，决定某件事我们要不要追求它，是看我们是否能把它定量化，不能定量化则管理难度增加，而育人恰恰是不能量化的东西，也是在短时间内很难出效果的，也因此容易被忽略，很难站到舞台的中央。

大学的育人面来自人与人之间，特别是师生之间有温度、有质量的互动。因此，大学教师不能将自己更多地看作一个专业人士或者专业知识分子，而应该看作一个道德角色，是一个道德上的楷模。同样，学生也不能将自己更多地看作一个学习专业知识和掌握专业技能的人，而应该将自己塑造成一个德才兼备、服务社会的人。

二、落实立德树人的根本任务

《国家教育事业发展“十三五”规划》提出，坚持立德树人，把立德树人作为教育的根本任务，培养德智体美全面发展的社会主义建设者和接班人。要遵循教书育人规律，遵循学生成长规律，以学生为主体，以教师为主导，创新育人模式，培育和践行社会主义核心价值观，不断提高学生思想水平、政治觉悟、道德品质、文化素养，让学生成为德才兼备、全面发展的人才。

习近平总书记在全国高校思想政治工作会议上强调，高校的立身之本在于立德树人。如何真正做到立德树人，是摆在每一所高校面前的一道题目。

为此，山西工程技术学院围绕高校如何真正落实立德树人这一根本任务，进行深入研究，形成了自己的特色——德育“2＋X”综合改革品牌项目。

德育“2＋X”是指思想政治（简称思政）理论课主渠道、德育答辩和以7个素质拓展教研室开展的多个有德育元素的活动。德育“2＋X”综合改革的主要任务是以提升思政的教育质量，培养学生认知能力、合作能力、创新能力、职业能力，增强学生获得感为目标，以增强德育的亲和力和影响力、针对性和实效性为指向，将德育各方面、各环节教育全面纳入学分制管理，将“软指标”变成“硬约束”；坚持问题导向、需求导向，按照供给侧结构性改革的思路，推动思政课教学由教材体系向教学体系转变，思政课程向“课程思政”转变，着力加强专业课德育功能、7个直属教研室德育功能、党政群团组织德育功能、网络思政功能建设，将学生德育工作从思政课一个点，连成一条线，组成一个面，凝成一个体，努力构建全员、全过程、全学科、全方位育人的立体思政体系，实现学生德育工作的特色创新发展。

抓好高校思想政治工作阵地建设，关键是抓住课堂这个主阵地，用好教学这个主渠道。对此，我们学校以“课程思政”教育教学改革为抓手，积极探索具有山西工程技术学院特色的立德树人教学模式。“课程思政”建设的基础在“课程”，“课程思政”建设的重点在“思政”，“课程思政”建设的关键在教师，“课程思政”建设的重心在院系，“课程思政”建设的成效在学生。

从“思政课程”到“课程思政”，形成圈层效应。一年来，我校将思想政治理论课、综合素养课程、专业教育课程三类课程，根据它们的不同属性，分类厘定各自功能定位，分类开展重点建设。

1．思政课主渠道引领

教育部提出2017年高校思政课教学质量年，我校把提升思政课教学质量作为“课程思政”改革的核心环节，全面落实思政课教学质量年的工作要求。例如：成立我校思政课教学指导委员会，委员们到现场听课，既挖掘典型，又发现问题，精准纠正；重点支持思政部教学改革，每年学院予以持续稳定的专项经费支持；积极推进领导干部上思政课，为学生讲授形势政策课。学校领导班子精心备课，按照教学目标和要求，高屋建瓴、深入浅出、形象生动地为学生们上了精彩难忘的一课，加深了学生们对习近平总书记视察山西重要讲话精神、“习近平新时代中国特色社会主义思想”丰富内涵和重大意义的理解，更加坚定了“四个自信”。我校邀请阳煤集团现任董事长翟红来我校讲解十九大精神；邀请市委、市政府领导班干部到我校开讲座；与阳泉市、岢岚县、阳煤集团等联系沟通合作，共建了一批省级红色文化教育基地、传统文化教育基地，共建省级大学生创新创业基地。

学校思政部积极探索思想政治理论课的教学改革模式，基本形成了以理论教学专题化、实践教学载体化、考试管理过程化为主要内容的“三化”教学改革，把完善“三化”工作体系作为教学改革的支撑点。通过集合问题、集中研究、集体备课、集成授课、集聚成果为主要措施的“五集”教学模式改革，提高思想政治理论课的质量和效果。

2. 综合素养课程拓展

按照学校党委部署，学校成立了中华传统文化教育教研室、公共艺术教育教研室、心理健康教育教研室、国防教育教研室、安全教育教研室、创新创业教育教研室、就业指导教研室 7 个直属教研室。

中华传统文化教育教研室在 2017 年第二学期的“大学语文”课上，增加了经典诵读教学内容，提升了优秀传统文化传承工作的实效性和持久性。在 2017 年军训中，学校设计了由 3 000 名新生进行传统文化经典诵读的表演，使新生军训富有文化的元素和德育的内涵。

公共艺术教育教研室注重在艺术教育领域深挖德育元素，鼓励和引导学生追寻红色足迹并赋予艺术生命。其中关于平定县中国近现代女作家——石评梅的红色故事，由我校学生自编自演改编为话剧，体现了他们对石评梅生平的理解和崇敬，该话剧在山西省高校戏剧季大赛中荣获三等奖。

心理健康教育教研室把心理健康教育课程纳入学校整体教学计划，增加了心理健康教育实践环节，实现了心理健康知识教育全方位的渗透。学校定期举办“5·25”大学生心理健康节等品牌活动，充分利用网络、微信公众号等媒体，营造心理健康教育的良好氛围，提高师生的心理保健能力；加强预防干预，应用大学生心理健康网络测评系统对入学新生进行心理测评并建立心理档案。

3. 专业课程渗透

苏格拉底认为“知识即美德”，即一切知识都具有“善性”，问题在于是否有发现的慧眼。在教育史上，价值作为一个目标，很早就被纳入教学活动。教学活动的价值性客观存在，而从“思政课程”到“课程思政”，让课程门门有德育，教师人人讲育人，通过教学活动潜移默化地影响学生，正是我们当下要做的努力。我们提倡学校所有课程都要有育人功能，所有教师都负有育人职责。

我校的“课程思政”建设项目已被校党委列为我校重点培育项目，该项目是我校贯彻落实全国高校思想政治工作会议精神的成果体现。2017 年，学校确定矿业工程系为课程思政试点单位，推动知识传授与价值引领的融合。2018 年初，我校召开了课程思政推进会，科学、深入地推进这项工作。课程思政的关键是在专业知识传授和技能培养的同时，以润物无声的方式传递价值引领的内涵，潜移默化，精准发力，发挥点睛的作用。这就需要我们开展内容创新，做好育人教学顶层设计，把综合素养课、专业课的知识点技能点，与政治方向、思想引领、价值引导和德育内涵的知识点进行深层次的融合或化合，其融合物或化合物应该是富有新意的案例、故事、任务等。我们还要进行方式方法创新，利用学校艺术学科中的优势资源，融音乐、艺术、美术、影视、戏曲等手段，并引入快乐教学方法、虚拟现实等信息化手段。

2018 年我们计划在我校管理系、经贸系、地环系、机械系、设计系、土建系、信息系等开展课程思政改革，选择一些素质高的教师编写课程思政教学案例读本，以点带面逐步深化课程思政改革，充分发挥课堂教学在育人中的主渠道作用，着力将思想政治教育贯穿学校教育教学的全过程，着力将教书育人落实于课堂教学的主渠道之中，深入发掘各类课程的思想政治理论教育资源，发挥所有课程的育人功能，落实所有教师的育人职责。

三、坚持人才培养战略，立足山西办专业

大力发展战略性新兴产业是山西省适应经济发展新常态、培育新的经济增长点、重塑区域经济增长引擎的必然选择；是做好非煤产业这篇大文章，破解“一煤独大”资源型经济困局，着力推进转型发展的题中之意；是实施创新驱动发展战略、大力培育和发展创新型经济、提升经济发展质量和效益的战略抉择。

山西省近五年来产业发展势头良好，主要表现在如下几点。

一是自主创新能力稳步提升。近五年来，全省科技进步综合评价指数监测值稳步上升，2015 年排全国第 17 位。研发经费投入规模和强度逐年提高，2014 年全社会研发经费投入达到 152.2 亿元，研发经费投入强度达到 1.19%，分别比“十一五”末增长 69.3% 和提高 0.2 个百分点。国家级创新平台取得新的突破，国家级企业技术中心达到 26 户，国家级重点实验室和省部共建重点实验室培育基地达到 8 家，尤其是国家工程技术研究中心首次实现了零的突破。全省通过实施一批战略性新兴产业科技重大专项，产业技术水平持续提升，动车轮对组成关键零部件、水煤浆水冷壁气化炉等技术实现产业化，有望催生一批新兴产业。

二是产业基础进一步夯实。近年来全省战略性新兴产业呈现规模总量迅速攀升、对区域经济贡献率逐步提高的良好态势。2014 年全省战略性新兴产业总产值达到 2 600 亿元以上，产业增加值达到 700 亿元以上，占 GDP 比重接近 6%。全省涌现出一批核心竞争力较强的战略性新兴产业龙头骨干企业，截至 2015 年，全省高新技术企业总数达到 720 家，民营科技企业总数超过 800 家，省级创新型试点企业达到 138 家，其中：太原重工股份有限公司进入全国风电机组制造企业 15 强，装机容量占到全国市场份额的 1.82%；山西晋能艾斯特空冷设备制造有限公司生产的空冷设备制造规模达到全国第 5 位；智奇铁路设备公司形成 5 万对年总装和检修能力，国内动车组产品市场占有率在 80%左右。

三是产业链条延伸初见成效。例如：在新能源领域，初步形成了从多晶硅、硅棒、硅片、电池、组件、电站、应用系统的光伏产业链，和多晶硅铸锭炉、多线切割机、硅料清洗机、光伏电池电极电镀装置等光伏装备制造能力，形成了风电电机、发电机控制装置、增速器、主轴、叶片、法兰、塔筒及整机制造的风电产业链；在现代中药领域，形成了较为规范的中药农业、富有特色的中药工业、快速发展的中药商贸流通、优势突出的中医医疗产业链；在高端装备制造领域，形成了原材料、关键部件和整车组装等相互配套、较为完整

的轨道交通产业体系；在新材料领域，形成了原镁冶炼、镁合金熔炼和镁合金深加工较为完整的镁产业链，形成了衬底材料—外延—芯片—封装—电视背光全产业链的LED垂直整合体系，并带动了室内外大屏幕显示和照明灯具等下游产业的发展；在煤层气领域，形成了上游资源勘探开发、中游储运、下游输配分销以及煤层气装备制造的完整产业链。

尽管山西省初步具备了大力发展战略性新兴产业的技术、人才和产业的条件，但与全国甚至周边省份相比，其科技优势、产业基础、支持力度、发展势头还有很大差距，仍处于初级发展阶段，上升空间很大，急需培育壮大和加速发展，急需破解如下一些“瓶颈”制约。

一是产业规模总量较小和层次偏低，重大工程实施进展缓慢，且部分项目战略性不强，主要从事的仍是技术密集程度相对较低的终端产品的加工装配，劳动生产率低、产品附加值低，产业竞争力不足。

二是高新技术产业化水平极低，创新成果还没有完全转化为实实在在的产业活动。2014全国科技统计监测指标显示，山西高新技术产业化总指数仅为36.89%，居全国第27位，中部六省末位，与全国平均水平相差近15个百分点。

三是整体技术创新能力不足，2014年全省规模以上工业企业有研发活动的只占7.99%，建立研发机构的企业只占5.43%，低于全国平均水平7个百分点以上。

四是高端研发人才和创新团队匮乏，2014年全省R&D人员全时当量只占全国的1.32%，国家级创新团队只有1个，两院院士不足全国总数的1%。

五是产业布局不尽合理，各产业的空间集聚特征不明晰，产业选择与各地的区位优势结合不够紧密，部分地市或领域存在低水平重复建设。

六是支撑战略性新兴产业发展的体制机制不健全，有利于产业发展、大众创业、市场主体创新的政策环境和制度环境不宽松，成果转化、市场培育、财政支持、金融扶持等方面的制度有待完善。

鉴于山西省产业经济发展情况，作为山西省属院校，山西工程技术学院新一届领导非常重视专业建设工作。近年来，学校坚持教学优先战略，先后出台了《山西工程技术学院“十三五”发展规划》《山西工程技术学院向应用型转变的实施方案》《山西工程技术学院向应用型转变试点工作方案》等，坚持转型发展和特色发展相融合，全面启动校企合作共建专业、共同育人机制。大力推进本科专业优化调整工作，结合山西省“十三五”战略性传统支柱产业转型升级和新兴“九大产业”（高端装备制造、新能源、新材料、节能环保、生物、煤层气、新一代信息技术、新能源汽车、现代煤化工）方向增设专业，积极优化现有本科专业，促进本科专业提升质量、办出特色。

学校目前有城市地下空间工程、电子商务、地理信息科学、数据科学与大数据技术、包装工程、交通工程、无机非金属材料工程、矿物加工工程、思想政治教育、采矿工程、采矿工程（煤层气开采方向）、地质工程、勘查技术与工程、测绘工程、土木工程、测绘工程、计算机科学与技术、计算机科学与技术（大数据方向）、自动化、电气工程及其自动化、机械电子工程、机械设计制造及其自动化、机械工程、财务管理、工程造价、投资学、安全工程、工程管理等28个专业(其中有2个专业方向)。2016、2017年毕业生就业率均在90%以上,考研率有逐年增加的趋势。2017年我校有2个专业是2A专业,2018年开始我校计划每年增加2个以上2A专业招生。年均招生人数4 000左右,2020年在校生将达到15 000名。

四、传统文化浸润书香校园

读书决定了一个人的修养和境界,关系到一个民族的素质和力量,影响了一个国家的前途和命运。青少年担负着为中华之崛起而读书的重要使命,更应当饱读诗书。我们应提高学生的阅读热情,让学生在阅读世界和阅读人生的过程中洗涤自己,充实自己,快乐自己。

我校非常重视营造读书氛围,学校以"4·23"读书日为起点,在全校大兴读书之风,为学生塑造强人的全新自我提供契机,让越来越多的山西工程技术学院学子成为秀气、灵气的博雅之子,让学校成为氤氲芬芳的书香校园。每年4月,由图书馆主办,其他部门配合,举办了"世界读书日"系列活动,比如"书香伴我成长"读书征文活动、"书香校园"首届朗读者大赛活动、"悦读经典"诵读比赛、"辞海无涯,博大精深——看图猜成语"、"笔墨翻卷,波澜迭起——补词成句"、"好书推荐"——图书馆微信公众号、经典影片欣赏等。

人为什么要读书?

"读书,是在一切已知之外,保留一个超越自己的机会。"它能让你认清自己,也能让你找到方向,有了方向,才会有未来。教育巨大的缺失与悲哀使我们不知道自己是谁,自然不知道自己要做什么。太多的人说读书无用,觉得才学与财富不成正比,造成了这个社会浮躁的状态,人在这种状态里面极其容易迷失自我。读书就是为了让我们知道,自己是谁。当一个人真正明白自己的位置时,他就会懂得,有时候自己的命运只能依靠自己改变,越是这种时候,读书的作用就越明显。它是成本最低的投资,是改变自己命运最简单的途径,更是一辈子的高贵。

众所周知,犹太人是一个很悲惨的民族,在历史上受过很多迫害。但这个只有1 200多万人口的民族,却出了162位诺贝尔奖获得者,占据诺贝尔奖总数的20%。在其他顶级国际科学奖项中,这个比例甚至更高,他们拿走了38%的美国国家科学奖、27%的菲尔兹奖、27%的图灵奖、42%的约翰·冯诺依曼奖,以及1/3以上的普利策奖和1/3以上的奥斯卡金像奖。而且,犹太人的优秀还不止于此。在美国,一直流传着一句话:世界的财富在美国人兜里,而美国人的财富在犹太人的脑子里。这句话并不是空穴来风,因为美国的百万富翁,有20%是犹太人。这个民族之所以能在经历长期的迫害与流放之后仍倔强成长,就是因为他们始终没有放弃对读书的依赖。犹太人有一条代代相传的训诫：当你处于穷困潦倒之际，不得不变卖余物以维持生活的时候，你首先应该卖的是金子、宝石、土地和房屋；而你家庭中所拥有的书籍，则不到万不得已不可变卖。在以色列，不论是个人还是政府，是学生还是各行各业的从业人员，都对读书极其喜欢。即便在周六，商店、饭店、娱乐场所大都关门，人们全在家中静心祈祷、反思时，书店依然照样营业，顾客来往络绎不绝。个人和民族的崛起与强大，无一例外，依赖的都是读书。

五、共筑大学生创新创业梦想

“大众创业、万众创新”，是中国经济进入新常态后，稳增长、调结构，增强经济、增长内生动力的“双引擎”之一。如何让山西工程技术学院每一个有创业愿望的青年学生拥有人生出彩、梦想成真的机会，全力开创“大众创业、万众创新”的崭新局面，既是进一步助推山西经济社会发展的要求，也是山西工程技术学院教书育人的重要内容。创新创业好比攀登高峰，除了要求“攀登者”具备坚强的意志和娴熟的技巧外，也需要攀爬的“云梯”和其他辅助工具。山西工程技术学院领导非常重视“云梯”的搭建，从政策上保证人力、物力、财力的支持。

国家级大学生创新创业大赛是目前各级教育主管部门最重视、规格最高的大学生赛事，是展示和检验我校创新创业教育成果的一项重要举措，已被列为2018年学校重点工作之一。各系成立了相关工作小组，系书记、主任担任组长，明确责任分工，制定工作计划，切实抓好大赛的组织工作。赛事组织情况将作为学年度教学工作评估考核的重要指标，参赛学生的成绩将作为评先评优的主要依据。

大学生创新创业赛事

随着2014年李克强总理在夏季达沃斯论坛上提出“大众创业、万众创新”的理念，于是在960万平方公里土地上掀起了“大众创业”“草根创业”的浪潮！相关的大赛也是百家争鸣。

一是“汇新杯”新兴科技＋互联网创新大赛。为深入贯彻落实党的“十九大”中提出的加快建设创新型国家与建设现代化经济体系国家战略，工业和信息化部工业文化发展中心与汇新云平台联合筹办了大赛，大力发展新兴科技，用科技创新和产业模式的革新来促进行业领域的产业升级，推动了大数据、人工智能、科技文化艺术、科技公益慈善等前沿新兴科技与互联网＋实体经济的深度融合。同时，通过大赛激发大学生、社会进步青年、科技人员、科研团体和中小微企业的创新创业热情，提升社会创业就业质量，构建公共文化新格局，传递社会公益力量，推动现代化经济体系建设。大赛还设立了高校毕业生创业就业公益体系，利用大赛所融合的社会资源培养新时代大学生的创业就业能力。

二是中国创新创业大赛。中国创新创业大赛是由科技部、财政部、教育部和中华全国工商业联合会共同指导举办的一项以“科技创新，成就大业”为主题的全国性创业比赛。大赛已成功举办四届，是由科技部、财政部、教育部和中华全国工商业联合会共同指导举办的、国内规格最高的创新创业赛事。大赛秉承“政府主导、公益支持、市场机制”的模式，既有效地发挥了政府的统筹引导能力，又最大化地聚合、激发了市场活力。为落实党中央、国务院提出的大众创业、万众创新的重大部署，深入实施创新驱动发展战略，中国创新创业大赛聚集和整合了各种创新创业资源，引导社会各界力量支持创新创业，搭建服务创新创业的平台，弘扬创新创业文化，激发全民创新创业的热情，掀起创新创业的热潮，打造推动经济发展和转型升级的强劲引擎。

三是“创青春”全国大学生创业大赛。2013 年 11 月 8 日，习主席向 2013 年全球创业周中国站活动组委会专门致贺信，特别强调了青年学生在创新创业中的重要作用，并指出全社会都应当重视和支持青年创新创业。党的十八届三中全会对“健全促进就业创业体制机制”做出了专门部署，指出了明确方向。为贯彻落实习主席系列重要讲话和党中央有关指示精神，适应大学生创业发展的形势需要，共青团中央、教育部、人力资源和社会保障部、中国科协、全国学联决定，在原有“挑战杯”中国大学生创业计划竞赛的基础上，自 2014 年起共同组织开展“创青春”全国大学生创业大赛，每两年举办一次。

四是中国“互联网＋”大学生创新创业大赛。该赛是由教育部、相关部门和相关省人民政府共同主办，具体高校承办的一项国家级重大赛事。从 2015 年开始，大赛每年举办一届，2018 年是第四届。比赛紧扣国家发展战略，着力打造成为促进学生全面发展的重要平台、推动产学研用结合的关键纽带，并通过全国大学生创业服务网为参赛团队提供项目展示、创业指导、投资对接等服务，利用全国高校创新创业投资服务联盟等资源，积极促进行业企业、创投风投机构与学生参赛项目的对接，参与大学生创新创业项目指导，为项目成果转化提供融资支持，实现项目孵化落地，努力打造“永不落幕”的比赛。赛事规格及规模的不断升级，汇聚了大量师生广泛参与，吸引了众多行业企业、风投机构、天使投资人及投资机构参与项目融资、运作，优秀项目有效带动了高校学生就业创业，发挥了良好的辐射示范作用。

第二章

时代召唤
培育自信，展现作为

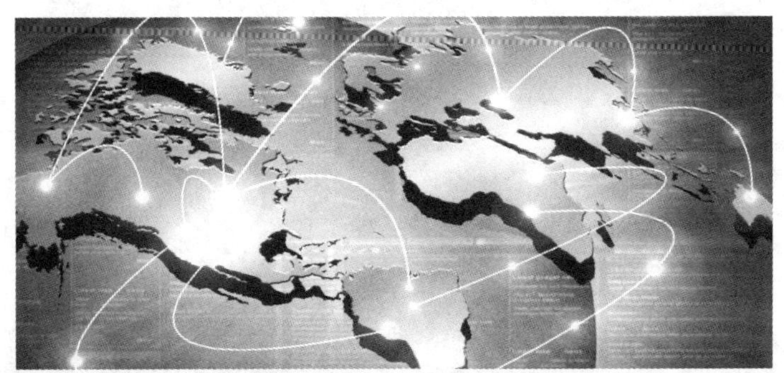

DAXUESHENG
SUZHI JIAOYU
DUBEN

第一节　中国特色社会主义走进新时代

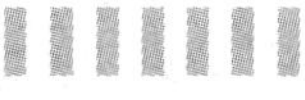

一、中华人民共和国的时代变迁

让我们回顾一下1949年中华人民共和国成立以来的历史吧！

（一）中华民族站起来的时代

以毛泽东同志为核心的第一代党中央领导集体，经过28年的浴血奋斗，将“一盘散沙”的民众组织起来，使分散的力量成为集中的力量，使分散的行动成为集中的行动，组成一个强有力的集合体。于是，他们推翻了压在中国人民头上的三座大山，建立了中华人民共和国，创造性地进行社会主义改造，建立起社会主义基本制度，开创了中华民族站起来的新时代，古老的中国以崭新的姿态屹立在世界东方。

（二）中华民族富起来的时代

党的十一届三中全会以后，以邓小平为核心的第二代中央领导集体，以巨大的政治勇气和理论勇气推动了改革开放，开辟了改革开放新时期。1982年，邓小平同志发出响亮号召：走自己的路，建设有中国特色的社会主义。于是，他带领人民开创了一条中国特色社会主义道路，极大地发展了生产力，增强了综合国力，提高了人民生活水平，使中国走上了一条富裕安康的强国之路。党的中心任务的转移、改革开放、中国特色社会主义的提出，开创了中华民族富起来的新时代。邓小平之后的历届中央领导集体，继续高举中国特色社会主义伟大旗帜，带领全国人民向着“共同富裕”的全面小康社会目标奋勇前进。

（三）中华民族强起来的时代

党的十八大之后，以习近平为总书记的党中央，接过历史的接力棒，带领全党全国各族人民奋发有为，推进中国特色社会主义伟大事业，以巨大的政治勇气和强烈的责任担当，提出一系列的新理念、新思想、新战略，出台一系列重大方针政策，推出一系列重大举措，推进一系列重大工作，解决了许多长期想解决而没有解决的难题，办成了许多过去想办而没有办成的大事，推动了党和国家事业发生历史性变革。

党的十九大郑重宣告："经过长期努力，中国特色社会主义进入了新时代。"即中国特色社会主义到了有实力、有能力、有资格开辟新时代的历史阶段。这个新时代是中国特色社会主义的新时代，是中国特色社会主义作为科学社会主义在当代的一种新形式，经过长期探索、发展和不断壮大，成长、成熟到一定程度必然要展示的新姿态、新境界。中华民族这个"东方巨龙"一定会日益强大起来，中华民族伟大复兴的中国梦一定会实现！

二、中国特色社会主义进入新的发展阶段

十八大以来，我们解决了过去长期想解决而没有解决的难题，办成了过去想办而没有办成的大事，进而推动了党和国家的根本性的变革。

第一，反腐败斗争的"超常性"。十八大以来，以习近平同志为核心的党中央，猛药去疴，重典治乱，"老虎""苍蝇"一起打，使多少年来一直遏制不住的腐败现象多发、高发的势头得到了有效的遏制。截至 2017 年 1 月，中央纪委共立案审查中管干部 240 人，给予纪律处分 223 人；全国纪检监察机关共立案 116.2 万件，给予纪律处分 119.9 万人；全国共处分乡科级及以下党员、干部 114.3 万人。

第二，供给侧结构性改革的"超常性"。供给侧结构性改革是 2015 年 11 月提出的。它是要解决经济结构调整这个"老大难"问题，要在保持总量增长的同时实现结构优化，简言之，就是去产能、去库存、去杠杆、降成本、补短板的"三去一降一补"五大任务。2016 年，供给侧结构性改革攻坚战打响了。五大任务齐头并进，但去产能是重点。仅一年时间，钢铁去产能 4 500 万吨、煤炭去产能 2.5 亿吨的目标均已提前、超额完成。国务院清理、取消或下放各类审批事项 1 000 多项，全年降低企业成本就超 1 万亿元，工业企业利润明显好转。这样的效果远远超出预期，大大提振了市场信心。供给侧结构性改革改变了中国，中国经济社会发展出现"新气质"。

第三，科技创新发展的"超常性"。党的十八大以来，党中央把科技创新摆在国家发展全局的核心位置，深入实施创新驱动发展战略。我国在量子通信、光量子计算机、高温超导、中微子振荡、干细胞、合成生物学、结构生物学、纳米催化、极地研究等领域取得一大批重大原创成果。战略高技术捷报频传，载人航天和探月工程、采用自主研发芯片的超算系统"神威·太湖之光"、蛟龙号载人潜水器、自主研发的核能技术、天然气水合物的勘查开发、新一代高铁、云计算、人工智能等成就举世瞩目。我国科技发展水平从以跟踪为主步入跟踪和并跑、领跑并存的历史新阶段，这是近代以来未曾有过的重大变化，表明我国科技发展站上全新的历史起点，加速推动了我国从科技大国向科技强国迈进。

第四，生态文明建设的"超常性"。建设生态文明是党的十七大提出的全面建设小康社会的要求之一。党的十八大将其纳入"五位一体"总体布局后，党中央就始终把生态文明建设放在治国理政的重要战略位置。十八届三中全会提出加快建立系统完整的生态文明制度体系，十八届四中全会要求用严格的法律制度保护生态环境，十八届五中全会将绿色发展纳入新发展理念。五年来，制定修改的有关生态文明建设的法律就有十几部，为生态文明建设提供了可靠的制度保障。十八大以来，党和国家对生态文明建设的部署，频次之密、推进力度之大、取得成效之多，前所未有。

这种"超常性"，就是习近平总书记所概括的"解决了许多长期想解决而没有解决的难题，办成了许多过去想办而没有办成的大事"。正是这种"超常性"，使中国特色社会主义进入了新的发展阶段。

三、中国社会主要矛盾的新变化

1956 年，党的八大报告指出："我们国内的主要矛盾，已经是人民对于建立先进的工业国的要求同落后的农业国的现实之间的矛盾，已经是人民对于经济文化迅速发展的需要同当前经济文化不能满足人民需要的状况之间的矛盾。"

1981 年，十一届六中全会通过的《中国共产党中央委员会关于建国以来党的若干历史问题的决议》对我国社会主要矛盾做了规范的表述："在社会主义改造基本完成以后，我国所要解决的主要矛盾，是人民日益增长的物质文化需要同落后的社会生产之间的矛盾。"

1987 年，党的十三大报告指出："我国正处在社会主义初级阶段。"并指出"我们现阶段所面临的主要矛盾，是人民日益增长的物质文化需要同落后的社会生产之间的矛盾"。

2017 年，习近平同志在十九大报告中强调，中国特色社会主义进入新时代，我国社会的主要矛盾已经转化为人民日益增长的美好生活需要和不平衡不充分的发展之间的矛盾。

我国社会主要矛盾变化的依据：一是经过改革开放近40年的发展，我国社会生产力水平总体上显著提高，社会生产能力在很多方面进入世界前列；二是人民生活水平显著提高，对美好生活的向往更加强烈，不仅对物质文化生活提出了更高的要求，而且在民主、法治、公平、正义、安全环境等方面的要求日益增加；三是影响满足人民美好生活需要的因素很多，但主要是发展不平衡不充分问题，其他问题归根结底都是由此造成和派生的。

我国仍然是发展中的社会主义国家。衡量一个国家的生产力发展水平，要从数量与质量、绝对量与相对量做总体考察，不能单纯看经济量，还要看社会其他方面发展的综合表现。不论是从劳动生产率、国土生产率、人均占有率，还是从生产力质量看，我国在世界上仍居中等发展水平，称不上发达国家，是名副其实的发展中国家。说"中国已经是发达国家""世界第一强国"，不符合事实。但我国在党的领导下有能力并必将实现向中等发达、高度发达的跨越，实现中华民族伟大复兴的目标。我们要警惕捧杀，也要警惕骂杀。

四、新时代中国特色社会主义思想

2017年10月18日，在中国共产党第十九次全国代表大会上，习近平总书记首次提出"新时代中国特色社会主义思想"。

1. 八个明确

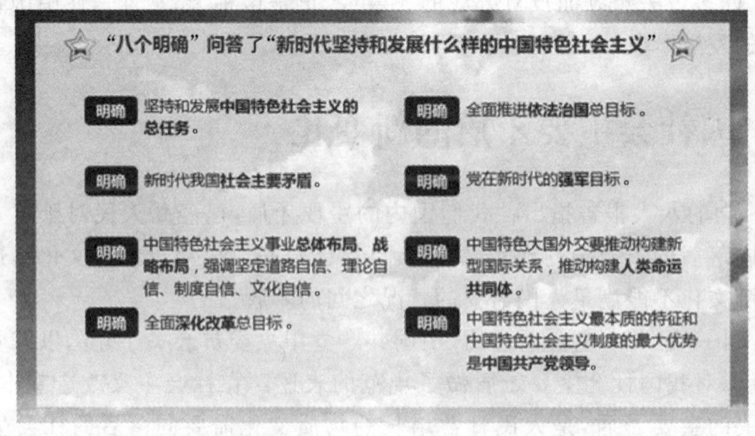

2. 十四条基本方略

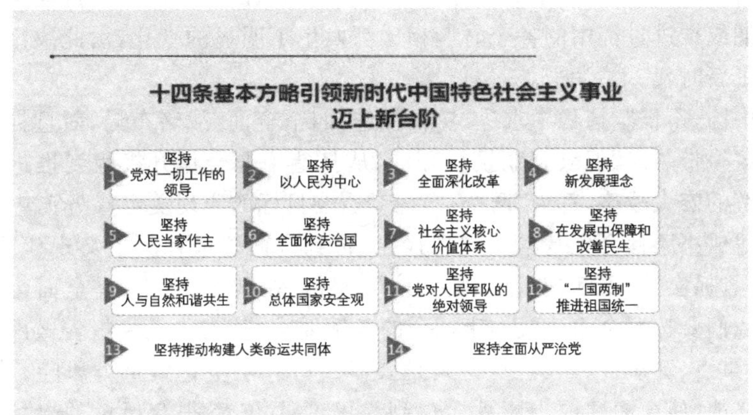

五、党和国家奋斗目标有了新布局

“两个一百年”将如何引领人民前行？习近平指出：“这是当前全党全国各族人民要共同为之奋斗的目标。这一目标，既是中华民族的宏伟目标，也把每个人、每个家庭、各方面群众的愿望和利益结合起来了。”

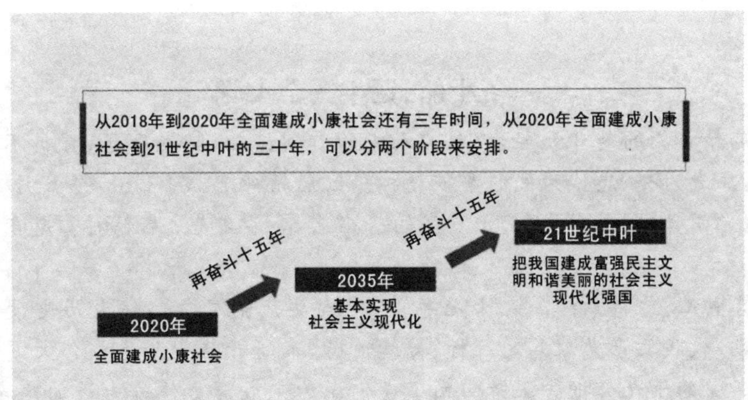

十九大报告中提出新时代中国特色社会主义的总任务是实现社会主义现代化和中华民族伟大复兴，在全面建成小康社会的基础上分两步走，在 21 世纪中叶建成富强民主文明和谐美丽的社会主义现代化强国。十九大报告明确了总任务、总目标，并且明确了实现目标的两步走战略：第一个阶段，从 2020 年到 2035 年，基本实现社会主义现代化；第二个阶段，从 2035 年到 21 世纪中叶，建成社会主义现代化强国。

党的十九大将 2020 年到 21 世纪中叶分为两个阶段，即先用十五年时间，到 2035 年基本实现社会主义现代化，再用十五年时间，到 21 世纪中叶建成富强民主文明和谐美丽的社会主义现代化强国。这种战略安排把基本实现现代化的时间提前了十五年，而且把到新中国成立一百年左右实现现代化的战略目标提升为建成社会主义现代化强国。这表明，中国特色社会主义所追求的目标、所承担的任务、所做的战略安排与中国特色社会主义开创初期或推进过程中的各个时期相比都发生了明显的变化，由此决定中国特色社会主义进入了新时代。

当下的中国，不仅坚持稳中求进，协调推进“四个全面”战略布局，而且提出了一系列重大战略：从“一带一路”倡议到亚投行开业，从打造中非合作升级版到推进亚太自贸区进程……所有的宏大战略，都为“两个一百年”奋斗目标的实现奠定着坚实基础。

从全面建成小康社会到基本实现现代化，再到全面建成社会主义现代化强国，我们要坚定信念、真抓实干，不断把蓝图化为现实。从现在到2020年，是全面建成小康社会的决胜期。我们要按照全面建成小康社会的各项要求，落实十九大报告做出的各项战略安排，突出抓重点、补短板、强弱项，特别是要坚决打好防范化解重大风险、精准脱贫、污染防治的攻坚战，使全面建成小康社会得到人民的认可，经得起历史的检验。从十九大到二十大，是“两个一百年”奋斗目标的历史交汇期，收官和开局并举，承前与启后交替，时间紧迫，任务繁重，归根到底靠实干苦干，靠开拓进取。只有撸起袖子加油干，瞄准目标不停干，才能不断开创新时代中国特色社会主义的新境界，朝着伟大目标奋勇前进。

六、新时代中国共产党的历史使命

一条小船，诞生一个大党

红船精神指的是开天辟地、敢为人先的首创精神，坚定理想、百折不挠的奋斗精神，立党为公、忠诚为民的奉献精神。红船精神来源于2005年6月21日习近平在《光明日报》上刊发5 000多字的署名文章《弘扬“红船精神” 走在时代前列》。

不忘初心，方得始终。九十七年前，中国共产党肩负起伟大历史使命从这里出发，一代代共产党人笃定目标、接续前行，不断开拓中华民族伟大复兴的光明前景。党的十九大报告深情回顾了我们党为完成历史使命走过的艰辛历程，号召全党为完成新时代中国共产党的历史使命而团结奋斗。

（一）党的最高理想和最终目标：实现共产主义

共产主义犹如磐石，是中国共产党人的崇高信仰。理想之光不灭，信念之光不灭。中国共产党之所以叫共产党，就是因为我们党始终把共产主义作为不懈追求的远大理想。近一个世纪以来，共产主义始终是我们党须臾不可忘却的信仰，激励着一代又一代共产党人英勇奋斗，成千上万的烈士为了这个理想献出了宝贵生命。“敌人只能砍下我们的头颅，决不能动摇我们的信仰。”如此视死如归、大义凛然的誓言生动表达了共产党人对远大理想的坚贞。可以说，我们党几经挫折而不断奋起，历尽苦难而淬火成钢，归根到底在于心中的远大理想和革命信念始终坚定执着，始终闪耀着火热的光芒。

（二）党在新时代的使命：为民族复兴继续奋斗

十九大报告提出“四个伟大”，即伟大斗争、伟大工程、伟大事业、伟大梦想。

伟大斗争逐梦。“看似寻常最奇崛，成如容易却艰辛。”实现中华民族伟大复兴，是一条充满风险、面临挑战的拼搏之路。前面还有许多“雪山”“草地”等待我们去跨越，有许多“娄山关”“腊子口”需要我们去征服，任何贪图安逸、消极懈怠、回避矛盾的思想和行为都会使实现梦想的努力功亏一篑。我们要充分认识具有许多新的历史特点的伟大斗争的长期性、复杂性、艰巨性，以昂扬的斗志和无畏的精神，做到“五个更加自觉”，不断夺取伟大斗争新胜利，为通往伟大梦想铺就一条壮阔坦途。

伟大工程筑梦。在近百年的筑梦路上，中国共产党始终是实现中华民族伟大复兴的先锋和脊梁。历史已经证明并将继续证明，没有中国共产党的领导，民族复兴必然是空想。实现伟大梦想是一项长期而艰巨的历史任务，对我们党提出了全方位、整体性的挑战。这就要求我们深入推进党的建设新的伟大工程，不断增强党的政治领导力、思想引领力、群众组织力、社会号召力，把党建设得更加坚强有力。唯有如此，我们党才能在新的历史征程中交出优异的答卷，谱写民族复兴更加辉煌的篇章。

伟大事业圆梦。经过改革开放以来的不懈努力，中国特色社会主义在中华大地生根发芽、开枝展叶，收获了累累硕果，创造了一个个彪炳史册的人间奇迹，使古老的中国焕发出勃勃生机，使中国人民前所未有地接近民族复兴的伟大梦想。抚今追昔，我们由衷地感到，这条道路是通往美好生活的必由之路，这个理论体系是照亮前进方向的耀眼灯塔，这套制度是保障发展进步的坚强守护，这种文化是凝魂聚气的精神纽带。我们有理由自信，也必须坚定中国特色社会主义道路自信、理论自信、制度自信、文化自信，不为任何风险所惧，不为任何干扰所惑，使中华“复兴号”列车始终沿着正确的轨道前进，承载着人们对美好生活的期望驶向更加灿烂的明天。

伟大斗争、伟大工程、伟大事业、伟大梦想紧密联系、相互贯通、相互作用，是一个有机统一的整体。伟大梦想指引正确方向，为伟大斗争、伟大工程、伟大事业提供领航导向；伟大斗争昭示担当精神，为伟大工程、伟大事业、伟大梦想扫除障碍，提供牵引；伟大工程锻造领导力量，为伟大斗争、伟大事业、伟大梦想提供坚强保证；伟大事业宣示道路旗帜，为伟大斗争、伟大工程、伟大梦想开辟前进路径。在“四个伟大”中，起决定性作用的是党的建设新的伟大工程。在新时代，我们要把伟大斗争、伟大工程、伟大事业、伟大梦想贯通起来理解，协同起来贯彻，在坚持和发展中国特色社会主义伟大实践中不断创造新的辉煌业绩。

在统揽伟大斗争、伟大工程、伟大事业、伟大梦想中，起决定性作用的是新时代党的建设新的伟大工程。习近平强调，党要团结带领人民进行伟大斗争、推进伟大事业、实现伟大梦想，必须毫不动摇地坚持和完善党的领导，毫不动摇地推进党的建设新的伟大工程，把党建设得更加坚强有力。在新时代，以党的自我革命来推动党领导人民进行的伟大社会革命，把党建设成为始终走在时代前列、人民衷心拥护、勇于自我革命、经得起各种风浪考验、朝气蓬勃的马克思主义执政党。只有进一步把党建设好，确保我们党永葆旺盛生命力和强大战斗力，我们党才能带领人民成功应对重大挑战、抵御重大风险、克服重大阻力、解决重大矛盾，不断从胜利走向新的胜利。实践使我们越来越深刻地认识到，管党治党不仅关系党的前途命运，而且关系国家和民族的前途命运，我们必须以更大的决心、更大的勇气、更大的气力抓紧抓好。

第二节　新时代　新自信

一、马克思主义的真理力量

东欧剧变

西方社会称东欧剧变为东欧1989年系列革命，它是指1989年前后东欧一些社会主义国家共产党和工人党在短时间内纷纷丧失政权，社会制度随之发生根本性变化的事件。在1989年后开始剧变。最先在波兰人民共和国出现，后来扩展到德意志民主共和国、捷克斯洛伐克、匈牙利人民共和国、保加利亚人民共和国、罗马尼亚社会主义共和国等华沙条约组织国家。这个事件以苏联解体告终，一般被认为标志着冷战的结束。

(1) 苏联分裂为俄罗斯联邦、乌克兰、白俄罗斯、摩尔多瓦、格鲁吉亚、亚美尼亚、阿塞拜疆、塔吉克斯坦、吉尔吉斯斯坦、哈萨克斯坦、土库曼斯坦、乌兹别克斯坦、立陶宛、拉脱维亚、爱沙尼亚等15个国家。解体的都是好地方，剩下的除东欧部分，其他地方基本都是不适合生存和未开发的西伯利亚和远东地区，实力大减。

(2) 苏联面积为2 240万平方千米，俄罗斯面积为1 710万平方公里，减少了大约24%，俄罗斯以53%的人口继承了苏联76%的国土。

(一) 马克思主义过时论的失语

马克思主义不只是一种思潮，在世界范围内，曾经也是一场声势巨大、广泛的社会实践。但是从20世纪80年代以后随着东欧剧变开始被冷落，尤其是人类历史上的第一个社会主义国家——苏联解体后，西方世界对于马克思以及马克思主义提出了种种的批判，几乎将马克思主义彻底否定。他们认为：在那个工厂林立、到处充满饥饿暴动的世界里，在那个以数量众多的工人阶级为标志的世界里，在那个到处都是痛苦和不幸的世界里，马克思主义还多少有点用处；但是马克思主义在今天这个阶级日益分化、社会流动性日益增强的后工业化西方社会里，马克思主义已经过时。

20世纪末，马克思主义话语随着苏联、东欧国家向资本主义的演变而日渐衰落和凋敝。而2008年国际金融危机这一重大历史事件，促使西方世界把目光转向深刻揭示自由主义经济话语悖谬和资本主义制度局限的马克思主义，聚焦未来社会中人的自由和解放的马克思主义话语正在"复活"。马克思主义关于"资本逻辑"和"阶级分析"的话语切入金融危机后资本主义社会现实的本质。时代的变迁和经济领域的发展为马克思主义话语在全球"复活"提供了新的理论空间。马克思再次被西方提及，曾经的冷落似乎又开始转热。英国《观察家》杂志曾发表评论感慨地说："自从20世纪柏林墙倒塌起，很多资产阶级学者就不断宣称马克思已完全与时代无关了，可是资本主义固有危机的不断爆发却又把马克思带回历史舞台。"

(二) 西方预言的破灭

1988年，在当时东西方冷战的背景下，曾任美国总统的尼克松出版了《1999不战而胜》一书。在书中，他提出一个在铁幕里面同社会主义国家进行"和平竞赛的战略"：在军事遏制的基础上，发挥美国的经济优势，以经济援助和技术转让等条件，诱使社会主义国家"和平演变"；开展"意识形态竞争"，打"攻心战"，扩散"自由和民主价值观"，打开社会主义国家的"和平变革之门"。苏联及许多东欧社会主义国家被不幸言中。但是，伟大的中国共产党领导中国人民进行改革开放，带领中华儿女继续中国特色社会主义现代化建设的伟大实践，粉碎了西方的预言。

(三) 马克思主义的真理力量

1. 千年伟人的评选

1999年的秋天，英国广播公司通过国际互联网开展了评选"千年最伟大思想家"的活动。卡尔·马克思位居第一，被评选为即将过去的一千年里最伟大、最有影响的思想家——"千年伟人"。爱因斯坦、牛顿、达尔文、康德、尼采等人紧随其后。有的投票者写道："马克思对资本主义运作模式做出了最好的分析。由于资本主义在20世纪末实际上已成为全世界最具代表性的制度，他的思想学说对于帮助我们认识当今世界仍极具重要意义。"马克思是一个思想巨人，他的思想就是解放全人类。马克思的名言："无产阶级只有解放全人类，才能最后解放自己。"

马克思被评选为"千年伟人"，说明世界没有、也不会忘记马克思。马克思的思想体系仍然在世界政治生活和思想领域中发挥着重大作用。马克思主义哲学、政治经济学和科学社会主义代表着19世纪人类知识的精华，对人类历史发展产生了巨大的影响。马克思揭示了人类社会发展的一般规律，创立了唯物主义历史观。马克思发现了剩余价值学说，揭露了资本剥削的秘密与资本主义生产方式运动的特殊规律。马克思主义如今已成为人类精神文明发展的重要构件，是全人类的重大文化遗产。

2. 西方马克思主义热

2005年8月22日，《明镜》周刊刊登题为《多数德国人认为马克思主义仍有现实意

千年第一思想家

1999年在西欧——资本主义的故乡，爆出两则震动世界的新闻：世界两大著名新闻媒体英国广播公司(BBC)和路透社各自独立评选“千年伟人”和“千年思想家”，结果却是惊人的一致，马克思先后两次当选为第一名。

爱因斯坦

马克思

1999年，英国剑桥大学文理学院的教授们发起了评选“千年第一思想家”的活动，结果马克思位居第一，而被习惯公认为第一的爱因斯坦却屈居第二。

随后，英国广播公司(BBC)又以同一命题，在全球互联网上公开征询，一个月后汇集结果，名列榜首的仍然是马克思，爱因斯坦排第二。

你知道为什么称马克思为“千年第一思想家”吗?

义》的封面文章，在国内外引起轰动。该周刊记者问不来梅大学劳动和经济研究所所长鲁道夫·希克尔和柏林自由大学历史学家保罗·诺尔特：为什么马克思的思想和著作到现在还有如此大的吸引力？希克尔的回答是：作为社会理论家，马克思揭示了历史唯物主义的发展规律以及物质基础——上层建筑模式，并勾画出一个现代社会发展的远景。这些在过去非常吸引人，现在也仍令人神往。这两位学者都认为马克思改变了世界。

2008年12月10日，在马克思纪念图书馆成立75周年的纪念活动上，英国伦敦大学金匠学院政治学教授戴维·麦克莱伦致辞说：随着冷战的结束和人们对经济和环境问题的关注程度不断提高，人们对马克思和马克思主义的理解也随之更为客观，大家已经越来越清楚地意识到，传统的马克思主义理论对资本主义做出了最为有力和深刻的分析。

在国际金融危机肆虐时，资本主义制度在西方受到了广泛的质疑，马克思和他的《资本论》热销了。在德国，专门出版学术著作的卡尔·迪茨出版社经理称，2008年10月的前3个星期，《资本论》售出417本，2008年1—10月售出1 500套，是2007年全年销量的3倍，是1990年销量的100倍。购买者以20～25岁的年轻人为主。在德国，《资本论》成了2008年圣诞节最佳礼物。因为金融危机而焦头烂额的时任德国财政部长的施泰因布吕克开始阅读《资本论》，他在接受《明镜》周刊采访时说：“通常情况下，大家都承认马克思理论的相当一部分是不错的。”德国马克思故居展览馆馆长比特里克斯则说：“我记不清人们讲了多少次‘这个人是对的’。”英国坎特伯雷大主教威廉斯在读完《资本论》之后发表评价说：“长久以前，马克思就窥探到了资本主义的运转之道。”

路透社专栏作者贝恩德在《卡尔·马克思和世界金融危机》的文章中指出，我们熟悉的资本主义正在死亡，现在有一种共识正在达成，即资本主义需要在21世纪得到全面的修正以拯救自身，马克思对不受约束的资本主义的批判正在得到确证。美国《每月评论》杂志编辑埃伦·米克辛斯·伍德，在他的《回到马克思》一文中指出：“我们现在所处的历史时刻是回到马克思最佳、最合适的时期。”他认为，今天全球化或普遍化就是马克思恩格斯所说的资本逻辑发展的结果，这个逻辑就是积累、商品化、利润最大化和竞争的逻辑，而且它们几乎已经渗透到了人类生活和自然本身的所有方面。所以，伍德认为，马克思的学说比以往具有更大的现实意义,因为马克思比任何人都更有效地揭示了资本主义制度的规律。无独有偶,在伍德之后,美国《纽约时报》也发表了名为《回到马克思》的长文,该文引用了美国某证券交易所领导人的一段话:“我长期待在华尔街,我越来越相信马克思是正确的。现在我绝对相信,马克思的方法是理解资本主义的出色方法。”

就在西方掀起马克思热的这种背景下,著名的西方马克思主义者、文学理论家、文化批评家特里·伊格尔顿教授的《马克思为什么是对的》一书问世了。这再一次地表明了在西方力挺马克思主义的力量还存在着,并且还很活跃。《马克思为什么是对的》一书的中译本由国内的新星出版社于2011年8月出版。作者特里·伊格尔顿于1943年出生于英国曼彻斯特附近的一个爱尔兰工人移民家庭,后任曼彻斯特大学文学理论教授、兰开斯特大学教授,在美国圣母大学担任了5年的客座教授。特里·伊格尔顿在西方理论界影响极大,以至于有人把他和美国的詹姆逊、德国的哈贝马斯并称为当今西方马克思主义理论界的三巨头。伊格尔顿在他的著作中始终认为马克思主义不只是一种解释工具,而应当是批判和摧毁资本主义制度、建立和完善社会主义制度的实践指南。

作者在《马克思为什么是对的》英文版的出版前言中有一段话说得非常好:“与政治家、科学家、军人和宗教人士不同,很少有思想家能真正改变历史的进程,而《共产党宣言》的作者恰恰在人类历史的发展进程中发挥了决定性的作用。历史上从未出现过建立在笛卡尔思想之上的政府、用柏拉图思想武装起来的游击队,或者以黑格尔的理论为指导的工会组织。马克思彻底改变了我们对人类历史的理解,这是连马克思主义最激烈的批评者也无法否认的事实。就连反社会主义的路德维希·冯·米塞斯也认为,社会主义是有史以来影响最深远的社会改革运动,也是第一个不限于某个特定群体,而受到不分种族、国别、宗教和文明的所有人支持的思想潮流。”

作者在第一章有句话很有哲理:“只要资本主义制度还存在一天,马克思主义就不会消亡。只有在资本主义结束之后,马克思主义才会退出历史舞台。”

西方学者的评述:

20 世纪中叶,西方著名的经济学家,同时也是一位顽固的马克思经济学的反对者约瑟夫·熊彼特在感叹马克思经济学的“伟大”时曾说:“大多数智力或想象的创作,经过一段时间,短的不过饭后一小时,长的达到一个世代,就完全湮没无闻了。有些却不会。它们遭受了晦蚀,但是又复活了,不是作为文化遗产中不可辨认的成分而复活,而是穿着自己的服装,带着人们看得见摸得着的自己的瘢痕而复活了。这些创作,大可被称为伟大的创作——我们的定义把伟大和生命力联结在一起,是没有弊病的。按这个意义来说,伟大这个词无疑适用于马克思的道理。”

当代西方著名马克思主义学者、法国人汤姆·洛克曼说:“马克思是现代世界最伟大的思想家之一……马克思的理论和其他所有理论一样,都是可以讨论和批判的。马克思深刻关注其所处的历史时刻,他活动于 19 世纪下半叶,那个时代的世界同今天相比有着巨大的差异。正如人们所理解的那样,马克思的理论是建立在他所处的那个时代基础之上的。我们不妨设想一下,倘若马克思今天仍然活着,他一定会修正自己的论点以反映我们所生活的这个世界的变化。这种想法不仅是合理的,也是符合马克思本人的信念的。尽管马克思的理论应该得到修正,但是简单认为它们已经过时或者应该摈弃的想法是荒谬的。恰恰相反,只要经济因素在人类生活中扮演主角,马克思的理论就仍然非常重要。”

当代美国著名的经济学家海尔布隆纳说:“我对马克思关于资本主义是什么的分析所持的态度要更肯定得多,不管这种分析在说明资本主义将变成什么方面有什么问题。这个从简单商品开始的对资本主义制度的社会分析,我认为是我们所曾见过的最值得注意和最发人深省的敏锐思维之一,我常把它同柏拉图和弗洛伊德的学说相比,它是完全当之无愧的。这种分析的洞察力是马克思主义的独特的,也许是最突出和最不朽的成就。”海尔布隆纳还指出:“只要资本主义存在着,我就不相信我们还能在任何时候宣布马克思关于资本主义内在本性的分析有任何错误。”

二、十八大以来的历史性成就

党的十八大以来,以习近平同志为核心的党中央带领全党全国各族人民,开拓进取,攻坚克难,取得了改革开放和社会主义现代化建设的历史性成就。我国经济结构调整和转型升级持续加快,分享经济、跨境电商、智慧医疗等新产业新业态新模式不断涌现,“去产能、去库存、去杠杆、降成本、补短板”的改革综合效应逐渐显现,从精准扶贫到供给侧改革,从高铁、公路、桥梁、港口、机场等基础设施建设到天宫、蛟龙、天眼、悟空、墨子、大飞机等重大科技成果,从正风反腐到全面从严治党,从“一带一路”建设到打造人类命运共同体……一系列“大手笔”树立了中国形象,赢得了世界掌声。可以说,正是 5 年来的历史性变革和非凡成就,为道路自信、理论自信、制度自信、文化自信打下了坚实基础。

我国经济始终保持平稳增长。2013 年至 2016 年，我国经济由高速增长转为中高速增长，经济年均增长率为 7.2%，保持了平稳增长态势。2017 年上半年，我国 GDP 增长 6.9%，继续彰显了经济运行总体平稳的特征。并且随着我国经济体量的持续扩大，增量尤为可观。仅 2017 年一季度，我国 GDP 总量就达 2.6 万亿美元左右，几乎相当于印度 2016 年全年的经济总量。

传统制造业不断转型升级。C919 大型客机首飞成功，可燃冰实现稳定开采，中国手机流行世界，"复兴号"标准动车组首发……近年来，我国制造业的品质和服务质量稳步提高，一批先进的企业和自主品牌加快走向世界。2017 年 6 月发布的《中国制造 2025 蓝皮书(2017)》显示，在 2016 年全球制造业竞争力指数排名中，我国位列前三，中国制造业的品牌价值和影响力与日俱增。一系列数据表明：制造业正在告别依靠低成本竞争的老路，深耕创新土壤。

新产业、新业态、新模式层出不穷。近年来，随着科技的不断发展，平台经济、分享经济等新模式广泛兴起，跨境电商、智能交流等新业态、新模式深入渗透到诸多领域，逐渐改变着人们的生活方式、消费习惯。同样，在提高资源利用率、拓展就业空间、推动产业转型等更深入的层面上，这些新事物也发挥着越来越重要的作用。以分享经济为例：2016 年我国分享经济参与者总人数达到 6 亿，提供服务者人数约为 6 000 万，分享经济能让更多的劳动力解放出来，实现空余时间就业。

我国消费潜力进一步释放。近年来，随着移动支付日益深入人们的日常生活，新型消费模式层出不穷，人们的消费潜力得到不断释放，消费引擎不断增强经济发展活力。2016 年我国网上零售总额超过 5 万亿元，几乎占该领域全球市场份额的半壁江山，稳居世界第一。2013 年至 2016 年，我国最终消费支出对经济增长的年均贡献率为 55%，成为经济增长的主要推动力。预计到 2021 年，我国市场规模将达 6.1 万亿美元，未来 5 年约有 1.8 万亿美元的增量，相当于一个英国消费市场规模。

我国经济对世界经济的影响力增强。2013 年至 2016 年，中国对世界经济的贡献率平均达 31.6%，成为世界经济增长最重要的引擎。尤其值得一提的是"一带一路"建设的加快推进，沿线国家各项合作成果超出预期。中国企业已在沿线 20 多个国家建立了 56 个经贸合作区，累计投资超过 185 亿美元，为东道国增加了近 11 亿美元税收和 18 万个就业岗位。我国经济结构的不断优化，也得到了国际社会的认可。

重大工程成就斐然。"天眼"探空、"蛟龙"探海、神舟飞天、北斗组网……重大工程实现了从量到质的飞跃、点到面的提升，为经济建设、社会发展、民生改善提供了强大保障。截至 2016 年底，中国高铁运营里程突破 2.2 万公里，超过世界其他国家高铁里程之和。中国"天眼"落成启用，"悟空"在轨运行，"墨子号"飞向太空，神舟十一号和天宫二号遨游星汉；使用自主芯片制造的"神威 · 太湖之光"登上超级计算机榜首；C919 成功首飞，实现国产大型客机零的突破。重大工程的不断突破，彰显了中国"领跑"之志。5 年来，我国在多领域布局了一批重大工程，载人航天、载人深潜、航空母舰等重大成果和关键性突破，为我国成为有世界影响的大国奠定了重要基础。而且重大工程在国家科技创新、产

业调整等方面都发挥着重大指引与牵引作用。2018 年，发射嫦娥四号，实施世界首次月球背面着陆巡视探测；2020 年，发射首颗火星探测器；2030 年，部署量子通信和量子计算机等重要项目。一张张重大工程的时间表，承载着中国的希望和未来。

三、外国人眼中的中国

新时代下的中国人通过自己的勤劳智慧创造出举世瞩目的惊人成就。无论是在大洋深处穿梭的蛟龙号、正走向世界的共享单车，还是那一颗颗翱翔天际的国产卫星，都是在为人民谋幸福，让生活更美好。

2017 年，高铁跑出“中国速度”，无现金生活成为常态，中国网文海外备受追捧……“来自东方的神秘力量”走出国门，让世界惊叹。2017 年，一群外国人不远万里来到中国，他们镜头记录下的“中国故事”不仅让外国人更了解中国，也让中国人对自己的国家、身份和文化有了新的认识。

你知道中国的“新四大发明”是什么吗？答案就是高铁、网购、移动支付、共享单车。这些发明不仅改变了中国人的生活，也刷新了世界对中国的认识。

1. 高铁

高铁有多快，我们都习以为常了。但对于外国人来说，这样的速度还是很值得郑重纪念一下的。打开视频网站，搜索关键词“中国高铁”，可以看到很多外国人的高铁初体验。

比如这位美国妹子，和爸爸一起从杭州坐高铁，买到了仅剩的两张商务舱座位。父女两人被商务舱的豪华配置惊呆，妹子更是惊讶得全程张大嘴巴。

我们的邻国印度也有人来中国体验了一下高铁。刚到候车大厅，这个印度人就惊呆了：“我真的不敢相信火车站可以如此的好，这个火车站真的看起来像是飞机场。”

到了站台，他兴奋得“声音都变调了”。

火车开始行驶后，他更是惊叹不已：“这列车的加速真给力！”“这辆车比新干线的车更安静。”“坐新干线时，你有时会感觉到自己是坐在一个正在着陆的飞机里，但是这列车给人的感觉完全不同，加速和匀速都非常的舒缓平滑。”

实际上，中国高铁不仅刷新了来到中国的外国人的认知，也在靠产品走向全球。据统计，中国中车的海外市场正在以30%的速度增长，全世界83%的拥有铁路的国家都在使用中车的产品，高铁可能已经成为外国人最想带回家的“中国特产”。

2. 移动支付

刷新外国人对中国认知的神器除了高铁，还有水果摊上的支付宝。在中国，出门不用带钱包，这让外国人十分羡慕。

一位加拿大小伙为了证明中国的移动支付发达，拍了一段视频炫耀自己可以一天不用现金。他先是打了一辆车，然后在一家小店里买了双袜子，又去了趟超市买了些生活用品，甚至还去理了个发，至于去饭店吃饭更是不在话下，这一切都只需要用手机扫扫二维码就能完成支付。

也许你要说，外国也有移动支付，比如苹果支付(Apple Pay)。但是实际体验如何呢？生活在纽约的美国人郭杰瑞现身说法。他的视频题目就叫《美国人自夸我们也有手机支付，结果出门四处碰壁》。

视频中，虽然他可以在纽约的星巴克使用苹果支付，但是像汉堡王、维多利亚的秘密等品牌连锁店都不可以，更别提路边小摊了。

3. 网购

令外国人感到便利的还有网购。来自德国的网红阿福对比了中德两国网购的便利程度。他说，在德国，网购商品发货一般要 3 到 7 个工作日，而且双休日节假日不上班，有时候还会发生这样的事情：快递觉得天气太热，罢工了。而在中国，下单之后常常隔天就能收到商品，甚至有的早上下单，下午就到了。快递费只要几块钱，有时候买一件东西还包邮。

说到网购，不得不提的还有中国的“双十一”。其实，外国人也有自己的“双十一”，也就是“黑色星期五”。为了抢到心仪的商品，很多人不得不半夜排队，甚至提前搭帐篷露营。对比之下，中国消费者在“双十一”这天躲在被窝里动动手指则要舒服多了。

为了能从淘宝买东西，为了能参加中国的“双十一”，有美国网友直接在白宫请愿网站上发起请愿：“我们要过‘双十一’！”而为了满足这些想参加“双十一”的外国友人，美国已经有旅行社推出“双十一”购物游，带外国人到中国买买买。

4. 共享单车

扫一扫，骑上走。如今，以小黄车、摩拜为代表的共享单车在中国遍地开花。不少外国人体验过后也是欲罢不能。

2017 年，共享单车开始进军海外市场，摩拜选择曼彻斯特作为其试水英国市场的第一个城市。小黄车 ofo 也在英国剑桥试投放 50 辆共享单车。在日本、澳大利亚，中国的共享单车也正在积极推进投放业务。虽然共享单车还面临着不少发展瓶颈，但这也不失为中国智慧为全球环保出行提供的全新方案。

作为“新四大发明”之一的共享单车已经让外国人带回去了，下一个是什么呢？

近期，日本一档综艺节目也完美展现了中国制造的无处不在。节目组到一个男子的家中，看看他的家里到底有多少东西来自中国。开始，房间的主人还自信满满，认为家里不会搜出太多“中国制造”。然而经过 4 个小时的排查，这名男子彻底愣住了，衣服是中国的，电器是中国的，小孩子的玩具也是中国的……当把所有中国制造的物品都贴上标签，从房间内搬了出去后，整个房间直接变了个样，连灯泡都被人摘了。最后这位大哥连自己身上的衣服也脱光了，只剩了一条内裤。

中国制造越做越强的现实，活生生地摆地日本面前，摆在世界的面前。可以说，离开了“made in China”的外国人，简直寸步难行。

打上“中国制造”标签的不仅仅是中国制造的产品，中国的社会管理方式、流行文化也在通过各种渠道向海外输出。

四、新时代下全球治理的中国方案

十九大报告指出，中国已经日益走近世界舞台中央，进入不断为人类做出更大贡献的新时代。十九大修改后的《中国共产党章程》将坚持正确义利观、推动构建人类命运共同体、遵循共商共建共享原则、推进“一带一路”建设等全球治理的中国方案纳入其中，希望以自身成功的道路、理论、制度、文化的不断发展，为发展中国家拓展走向现代化的途径，给那些既希望加快发展又希望保持自身独立性的国家和民族提供全新的选择，为解决人类问题和全球治理贡献中国智慧和中国方案。

（一）推进“一带一路”建设，分享中国经验与智慧

今天的中国，已经站在了同世界深度互动、向世界深度开放的新起点上。顺应历史的潮流，习近平提出了“一带一路”倡议，倡议各方秉持丝绸之路精神，推进互利共赢和优势互补的合作，促进全球和平合作和共同发展。四年多来，“一带一路”倡议走下蓝图，完成了规划的动员期，从理念构想到人心聚合，继而开始向深耕细作、全面推进的新阶段迈进。目前，已有100多个国家和诸多国际组织表达了对共建“一带一路”倡议的支持和参与意愿。截至2017年8月中旬，中国与69个国家或国际组织签署了共建“一带一路”的合作倡议。“一带一路”倡议将中国自身发展形成的经验和基础，与各国的发展意愿和比较优势结合起来，推进中国与不同国家的发展规划进行合理对接，共同打造开放、包容、均衡、普惠的新型合作框架，进而推动国际经济秩序朝着平等公正、合作共赢的方向发展。

（二）参与全球金融治理，彰显大国责任与担当

2013年以来，中国积极推动各国加强国际宏观经济政策协调，加强金融风险管控，推进国际货币基金组织（IMF）和世界银行的份额改革，提升发展中国家的话语权。2016年10月1日，人民币正式加入特别提款权（SDR），这是后布雷顿森林体系时代第一个真正新增的篮子货币，也是第一个来自发展中国家的SDR货币。同时，中国积极加强与以金砖国家为代表的新兴经济体合作推动全球治理结构改革。中国出资410亿美元参与构建了初始规模为1 000亿美元的金砖国家应急储备安排，增强了金砖国家应对风险的能力，对全球金融安全网做出了积极的贡献，也对推动国际金融新秩序构建具有重大意义。2015年7月，金砖国家新开发银行开业。2015年12月25日，中国倡议的亚洲基础设施投资银行正式成立，法定资本1 000亿美元，重点支持地区互联互通和产业发展。中国参与全球金融治理的积极举措，不仅展现了中国的大国风范，彰显了大国责任与担当，而且有力推动了全球金融治理格局的完善与发展。

（三）引领全球环境治理，建设全球能源互联网

长期以来，世界经济发展过度依赖化石能源，导致资源紧张、气候变化、环境污染等

问题日益突出，严重威胁着人类的生存，形势十分严峻。2015 年，习主席出席全球气候变化巴黎大会，系统提出了应对气候变化、推进全球气候治理的中国主张，以最积极的姿态推动巴黎气候协定达成，体现了大国担当。同年，在联合国发展峰会上，习主席提出“倡议探讨构建全球能源互联网，推动以清洁和绿色方式满足全球电力需求”。2017 年 5 月 14 日，习主席在“一带一路”国际合作高峰论坛开幕式主旨演讲中再次指出：“要抓住新一轮能源结构调整和能源技术变革趋势，建设全球能源互联网，实现绿色低碳发展。”通过构建全球能源互联网，形成以清洁能源为主导、以电为中心、全球配置资源的能源发展新格局，推动世界能源走上安全、清洁、高效、可持续的发展道路。中国主动引导应对气候变化国际合作，稳步推进全球能源互联网建设，努力成为全球生态文明建设的重要参与者、贡献者、引领者。

（四）持续深化南南合作，构建人类命运共同体

世界正处于大发展大变革大调整时期，世界经济增长动能不足，贫富分化日益严重，中国高度重视与发展中国家的合作，推动南南合作不断深化发展。2014 年 7 月，习主席在巴西举办的中拉领导人会晤上，正式成立中国-拉共体论坛，积极推进平等互利、共同发展的中拉全面合作伙伴关系发展。2015 年 9 月，习主席在联合国主持南南合作圆桌会议，并宣布中国将设立南南合作援助基金，继续增加对最不发达国家的投资，免除对有关最不发达国家的债务，设立国际发展知识中心，同各国一道研究和交流适合各自国情的发展理论和发展实践，为南南合作升级提供了新理念、新模式和新动力。2015 年 12 月，习主席访问非洲期间，提出了“携手并进、合作共赢、共同发展”的中非友好合作新理念，并承诺提供 600 亿美元支持中非十大合作计划，推进中非合作进入全面务实推进的新阶段。中国继续发挥负责任大国的作用，持续深化南南合作，推动人类命运共同体建设，共同创造人类的美好未来。

第三节　新时代　新作为

一、中国青年与时代责任

历史和现实告诉我们，青年是追求真理、坚持真理、展现真理的力量所在。光阴荏苒，物换星移，时间之河川流不息，每一代青年都有自己的际遇和机缘，都要在自己所处的时代条件下谋划人生、创造历史。

从满目疮痍的旧中国，梁启超发出“故今日之责任，不在他人，而全在我少年”的呼声，到李大钊喊出青年要“为世界讲文明，为人类造幸福，以青春之我，创建青春之家庭、青春之国家、青春之民族、青春之人类、青春之地球、青春之宇宙，资以乐其无涯之生”，到站起来的新中国，毛泽东告诫广大青年世界“归根结底是你们的”，再到强起来的大中国，

习近平寄语“时代的责任赋予青年，时代的光荣属于青年”。这些都有力地证明了五四运动以来，在中国共产党的领导下，一代又一代有志青年在爱国、进步、民主、科学的五四精神的感召下，心系民族命运，心系国家发展，心系人民福祉，与祖国共奋进，与时代同发展，与人民齐奋斗，担当起为实现民族独立、人民解放、国家富强和人民富裕的重任，奉献自己的青春和智慧，谱写了一曲曲感天动地的青春乐章，展现出坚定的理想信念、高昂的爱国热情、强烈的担当意识和良好的精神风貌。青年者，国之魂也。

（一）“平地一声雷”的觉醒年代

觉醒年代的青年的责任和担当更多的是奔走呼号和以学救国，他们有着觉醒的意识。从五四运动到“一二·九”运动，那时候的青年学生成为召唤中国民众觉醒的主力，多少人用自己的笔杆子写出中国的黑暗，多少人用实际行动培养着祖国未来的栋梁之材。鲁迅，弃医从文，用自己的一支笔讽刺时事，呐喊现实，呼唤觉醒，俯首甘为孺子牛。钱穆，西南联大文学院国史教授。他撰写的《国史大纲》是中国通史中最有影响力的著作。他希望以此激发国人对本国历史文化的温情和敬意。梁思成，创建了清华大学建筑系（现为清华大学建筑学院），他编写的《中国建筑史》成为经典教材，他对中国古建筑的考察，为我国的建筑研究奠定了基础。王国维——清华大学国学研究院导师，一本《人间词话》为传世之作，他提出的“境界说”，成为文学领域研究不可不知的经典。他们的责任与担当，是心中汹涌的救国梦、澎湃的强国梦，都散向笔头，用一支笔写出自己的心声，写出自己的知识，写出了祖国的未来。

（二）“雄关漫道真如铁”的革命年代

在真枪真刀的革命年代，多少青年的责任与担当，与家国的存亡联系在一起，从土地革命到抗日战争再到解放战争，青年人用自己年轻的躯体堵住敌人的枪口，把热血洒在了祖国的大地上，有李大钊、江姐、董存瑞、黄继光、邱少云……这个时期的青年人共同的责任与担当涌现出了许多集体精神——井冈山精神、长征精神、延安精神、西柏坡精神……这些数不胜数的英烈与镌刻在历史丰碑上的精神传承，都是每个时代青年的家国责任与担当的见证。

（三）“人间正道是沧桑”的建设年代

在新中国的建设时期，在青年人身上，有一种非常突出的品质，那就是吃苦耐劳、艰苦奋斗。提到雷锋精神，所有的中国人都不会陌生，雷锋善良美好、吃苦在前、助人为乐的品质一直被我们颂扬着，他可谓是时代青年的榜样力量。他的责任就是建设新中国，他的担当就是做一枚螺丝钉，哪里需要就往哪里放。两弹之父邓稼先，17 岁考入国立西南联合大学攻读物理专业，后到美国留学深造，在收到祖国的召唤之后，他毅然决然放弃了美国优厚的待遇，冲破层层阻挠回到祖国。26 岁的他回国后带领科研团队完成了原子弹和氢弹的设计，为我国的原子弹和氢弹爆炸奠定了坚实的基础，而“两弹一星精神”也被广为传颂。邓稼先和他的青年团队的责任就是为我国制造出核武器，免受侵略之苦，他们的担当就是敢于在荒烟大漠里一年又一年地奉献自己的青春和智慧，不惜牺牲身体健康也要完成使命的气概。那个年代的青年身负重任却又朝气蓬勃，为中国的逐渐强大奠定了坚实的基础。

（四）“长风破浪会有时”的深化改革新时代

青年兴则国家兴，青年强则国家强，青年的精神面貌决定了国家的精神面貌与发展前途。党的十九大报告指出：“经过长期努力，中国特色社会主义进入了新时代，这是我国发展新的历史方位。”立足于新时代，习近平同志向青年人发出了“中国梦是历史的、现实的，又是未来的；是我们这一代的，更是青年一代的”的召唤。新时代需要新青年，新青年要有新使命。

青年一代是国家的希望与未来。习近平同志指出：“要把理想、信念建立在对科学理论的理性认同上。”新时代的青年必须投入学习践行习近平新时代中国特色社会主义思想的具体实践中，切实将其落实到工作、生活、学习的方方面面。一方面，必须加强马克思主义理论知识的学习，做到真学、真懂、真会、真用，注重在青年群众中开展马克思主义理论的培养，注重在青年中宣传、发展、培养马克思主义者，以增强党的凝聚力、战斗力，推动党的事业顺利前进。另一方面，培养青年马克思主义者是坚持党的基本路线不动摇、坚定共产主义信念、保证后继有人、实施可持续发展战略的需要。

青年更要深刻认识时代的使命。毛泽东曾说：“世界是你们的，也是我们的，但是归根结底是你们的。你们青年人朝气蓬勃，正在兴旺时期，好像早晨八九点钟的太阳。”青年要有时代感，青年必将投身于时代的呼唤与需要之中。处于 21 世纪的青年更应当以时代的责任感与使命感来践行时代所赋予的时代使命，把握时代机遇，紧跟时代脉搏，与时代同呼吸、共命运。

青年是国家之精华，实现民族复兴中国梦，必须最大限度地把广大青年动员和组织起来。五四运动时期青年立足时代潮头；和平建设年代青年是社会主义建设事业的急先锋，是人民幸福生活的创造者；改革开放时期青年是社会中最富有活力的部分，是我们事业的希望；新时代青年是实现中国梦的生力军与关键力量，是新时代的创造者、贡献者与参与者。

二、新时代青年应有的理想、本领与担当

党的十九大报告如洪钟大吕，激越时代的鼓点，激发青年的热情。特别是报告中提出的“培养担当民族复兴大任的时代新人”的重大命题，为新时代的新青年成长指明了方向。值得深思的问题是：新时代究竟需要什么样的新青年？

新青年要在初心中找理想。在青年师生这个群体中，在即将全面建成小康社会的当下，在我们这代青年人的理想里、志向里、梦想里，还有多少挺身而出、伸出双手的人？96 年前，平均年龄只有 27 岁的 13 位中共一大代表，大多数都是知识分子，在浙江嘉兴南湖上的那艘小船上，衣食相安的他们为了贫苦工农握紧了拳头。习近平总书记所说的理想，既是只身赶路时抬头仰望的理想，更应该是托底扶弱时伸手弯腰的理想。

新青年要在时代中练本领。关于索菲亚成为世界上首个获得公民身份的机器人的视频在网络上广泛传播。视频中的她不仅拥有62种逼真的面部表情，而且当主持人即兴地问她机器人会不会有自主意识时，她沉吟片刻回答道："你又是如何确认你自己是人类呢?"当今世界，我们面对的新时代，不仅仅是生产关系、意识形态的，同时也是生产力、科技发展的。我们身处前所未有的时代，人工智能将如何冲击以人类为主体的文明秩序？分享经济将如何形塑共建共融的文化土壤？多元思潮将如何影响以和平与发展为主题的时代格局？这些问题，我们都没有回避的余地。面对新时代的机会和挑战，当有一天我们真的站在了民族复兴的"推演板"前，需要写下自己的"策论"时，我们会不会后悔年轻时候偷过的懒？

新青年要在斗争中显担当。美国总统特朗普的首次访华受到广泛关注，毫无疑问，"太平洋足够大，完全容得下中美两国"。但也千万别忘了，就在空军一号在首都机场降落的时候，美国前所未有地派出了三个航母战斗群在西太平洋"磨刀霍霍"。在大国崛起的故事里，世界格局重塑与有限资源重置的过程从来都是艰辛甚至残酷的。习近平总书记在党的十九大报告中有这么一段话："行百里者半九十。中华民族伟大复兴，绝不是轻轻松松、敲锣打鼓就能实现的。"我们这一代中国青年，人生黄金期同"两个一百年"奋斗目标的轨迹完全吻合，这既是人生最大的幸运，也意味着我们必然会经受前所未有的考验。

中国共产党先驱李大钊说："黄金时代，不在我们背后，乃在我们面前；不在过去，乃在将来。"在他的眼里，也许那一代共产党人的黄金时代几乎已经实现，而我们这一代人的黄金时代才刚刚掀开帷幕。在初心中找理想，在时代中练本领，在斗争中显担当。

新时代，山西工程技术学院(简称山工院)学子的思想必须与国家理想同向。时代是思想之母。中国特色社会主义进入新时代，正在徐徐开启的全面建设社会主义现代化强国征程必将在中华大地上书写波澜壮阔的篇章，中华民族伟大复兴的中国梦终将在一代代青年的接力奋斗中变为现实。山工院学子不能在这场实现人生价值的潮流中成为旁观者，而是要主动融入，怀着共产主义伟大理想，践行社会主义核心价值观，成为建设的坚定者、奋进者、搏击者。

新时代，山工院学子的能力必须与国家需要的本领一致。习总书记讲，我们的党既要政治过硬，也要本领高强。作为未来建设的主力军，青年学生要努力学习，依靠学习掌握建设国家的真本领，这样才能不负时代发展对青年的期盼。发展是执政兴国的第一要务，新时代国家发展目标是建设现代化经济体系，这注定了我国发展更注重整体性、总布局。发展必将坚持坚持质量第一、效益优先，以供给侧结构性改革为主线，推动经济发展质量变革、效率变革、动力变革，不断增强我国经济创新力和竞争力。这为我校新时代发展既提供了机遇，又提出了挑战，也为我校学生能力建设指明了方向。山工院学子要努力学习，志存高远，脚踏实地，勇做时代的弄潮儿。

新时代，山工院学子要担当起中华民族伟大复兴的历史使命。中国梦是历史的、现实的，也是未来的，是我们这一代的，更是青年一代的。青年一代有担当，国家发展就有力量，民族未来就有希望。有担当是一种情怀，是主动把个人融入历史发展的精神，是勇立潮头、舍我其谁的姿态，是不畏困难、不辱使命的坚持。建设社会主义现代化强国的时代新征程，需要更多有担当精神的青年，主动把国家未来、民族希望扛在肩上。也只有那些具有担当精神的青年，才能在实现中国梦的生动实践中放飞青春梦想，在为人民利益的不懈奋斗中书写人生华章！

三、习近平对当代青年的寄语

青年兴则国家兴，青年强则国家强。青年是标志时代最灵敏的晴雨表，时代的责任赋予青年，时代的光荣属于青年。

广大青年要保持初生牛犊不怕虎的劲头，学不会就练，没有条件就努力创造条件，“志之所趋，无远弗届，穷山距海，不能限也”。对想做爱做的事要敢试敢为，从无到有，从小到大，把理想变为现实，要敢于做先锋，而不做过客，不当看客，让创新成为青春远航的动力，让创业成为青春搏击的能量，让青春年华在为国家为人民的奉献中焕发出绚丽光彩。

青年在成长和奋斗中，会收获成功和喜悦，也会面临困难和压力，要正确对待一时的成败得失，处优而不养尊，受挫而不短志，使顺境、逆境都成为人生的财富，而不是人生的包袱。广大青年，人人都是一块玉，要时常用真善美来雕琢自己，不断培养高洁的操行和纯朴的情感，努力使自己成为高尚的人。

历史和现实都告诉我们，青年一代有理想、有担当，国家就有前途，民族就有希望，实现中华民族伟大复兴就有源源不断的强大力量。

青年时期是培养和训练科学思维方法和思维能力的关键时期，无论是在学校还是在社会，都要把学习同思考、观察同思考、实践同思考，紧密结合起来，保持对新事物的敏锐，学会用正确的立场、观点、方法分析问题，善于把握历史和时代的发展方向，善于把握社会生活的主流和支流、现象和本质，要充分发挥青年的创造精神，勇于开拓实践，勇于探索真理，养成历史思维、辩证思维、系统思维、创新思维的习惯，终生受用。

青年处于人生积累阶段，需要像海绵吸水一样汲取知识。广大青年抓学习，既要惜时如金，孜孜不倦，下一番心无旁骛、静谧自怡的功夫，又要突出主干，择其精要，努力做到又博又专、愈博愈专，特别是要克服浮躁之气，静下心来，多读经典，多知其所以然。

现在的高校大学生几乎都是20岁左右，到2020年全面建成小康社会时，很多人还不到30岁；到21世纪中叶实现现代化时，很多人还不到60岁。也就是说，实现“两个一百年”奋斗目标，你们将和千千万万的青年全过程参与。

青年是祖国的未来、民族的希望，也是我们党的未来和希望。李大钊同志说过，青年要“为世界进文明，为人类造幸福，以青春之我，创建青春之家庭、青春之国家、青春之民族、青春之人类、青春之地球、青春之宇宙，资以乐其无涯之生”。自中国共产党诞生以来，我们党取得的所有成就都凝聚着青年的热情和奉献。

朝气蓬勃、好学上进、视野宽广、开放自信，可爱、可信、可为的一代大学生，党和人民充分信任，寄予厚望。

展望未来，我国青年一代必将大有可为，也必将大有作为。这是“长江后浪推前浪”的历史规律，也是“一代更比一代强”的青春责任。广大青年要勇敢肩负起时代赋予的重任，志存高远，脚踏实地，努力在实现中华民族伟大复兴的中国梦的生动实践中放飞青春梦想。

广大青年一定要坚定理想信念。“功崇惟志，业广惟勤。”理想指引人生方向，信念决定事业成败。没有理想信念，就会导致精神上“缺钙”。中国梦是全国各族人民的共同理想，也是青年一代应该牢固树立的远大理想。中国特色社会主义是我们党带领人民历经千辛万苦找到的实现中国梦的正确道路，也是广大青年应该牢固确立的人生信念。

青年的价值取向决定了未来整个社会的价值取向，而青年又处在价值观形成和确立的时期，抓好这一时期的价值观养成十分重要。这就像穿衣服扣扣子一样，如果第一粒扣子扣错了，剩余的扣子都会扣错。人生的扣子从一开始就要扣好。

人的一生只有一次青春。现在，青春是用来奋斗的；将来，青春是用来回忆的。

青年人正处于学习的黄金时期，应该把学习作为首要任务，作为一种责任、一种精神追求、一种生活方式，树立梦想从学习开始、事业靠本领成就的观念，让勤奋学习成为青春远航的动力，让增长本领成为青春搏击的能量。

青年有着大好机遇，关键是要迈稳步子、夯实根基、久久为功。心浮气躁，朝三暮四，学一门丢一门，干一行弃一行，无论为学还是创业，都是最忌讳的。

当代中国青年要有所作为，就必须投身人民的伟大奋斗。同人民一起奋斗，青春才能亮丽；同人民一起前进，青春才能昂扬；同人民一起梦想，青春才能无悔。

当今中国最鲜明的时代主题就是“两个一百年”奋斗目标，实现中华民族伟大复兴的中国梦，当代青年要树立与这个时代主题同心同向的理想信念，勇于担当这个时代赋予我们的历史责任，立志勤学，刻苦磨炼，在激情奋斗中绽放青春光芒，健康成长、进步。

全面建成小康社会，广大青年是生力军和突击队，青年人朝气蓬勃，是全社会最富有活力、最具创造性的群体。

世界的未来属于年轻一代。全球青年有理想、有担当，人类就有希望，推进人类和平与发展的崇高事业就有源源不断的强大力量。希望各国青年用欣赏、互鉴、共享的观点看待世界，推动不同文明交流互鉴、和谐共生，积极为构建人类命运共同体添砖献瓦。

第三章

实业兴邦
确立理想，苦练本领

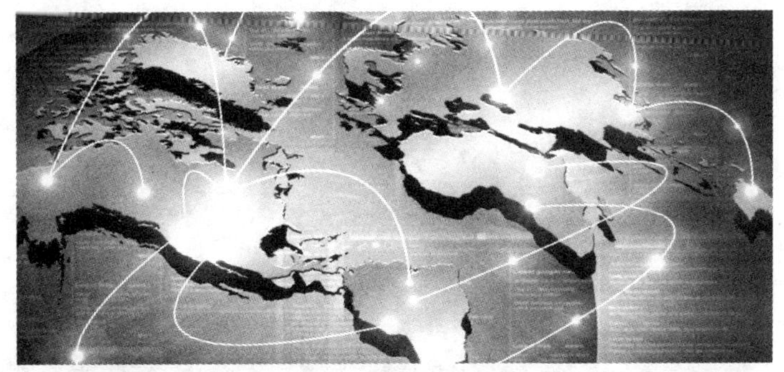

DAXUESHENG
SUZHI JIAOYU
DUBEN

第一节 实业是国家兴盛的基础

一、发展实业的意义

实业，多指工商企业，是以生产制造为主业的产业。具有具体实业的经济体称为实体经济，实体经济尤其是制造业，始终是一国经济发展并走向强盛的基础。生产制造业发达的国家生产能力强，生产门类齐全，能够完成全系列产品的制造生产，在不依靠其他国家的情况下，能够很快地将原材料生产制造成成品，直接满足国计民生的需要。一个国家的实业水平反映了一个国家应对复杂的外部局势的能力和保证人民安居乐业的能力。

以美国为例，它在二战爆发之初是一个仍处于毫无准备状态的国家。当时的美国没有充裕的时间，没有先进的工厂，没有专业的人员。幸好，它有强大的实业。美国将庞大的工业潜力从民用工业转向，为战争服务，除了装备美国军队，大批军火物资还援助了从英国、苏联到中国的广大盟国，有力支援了全球反法西斯战争。斯大林在德黑兰会议期间的赞美就是最好的评价："为美国的生产干杯。没有美国生产的武器，我们将输掉这场战争。"这一"生产奇迹"的发生，离不开一批工商界精英的擘画，更离不开美国强大的实业基础。然而，自 20 世纪 70 年代以来，美国经历了"去工业化"的过程，这使得其制造业不断萎缩，虚拟经济显著膨胀，最终导致实体经济严重"空心化"，并诱发了 2007 年的金融危机，失去了强大的实业，美国已然颓势毕现。当前，美国又转而实施"再工业化"计划，期望重振其制造业。

再以我国为例，新中国成立后，中国工业基础基本为零。虽然中国是一个爱好和平的国度，但在复杂的国际局势下，部分国家对我国进行经济封锁和贸易禁运，使我国也曾度过一个非常艰难的时期。正是从历史的教训中，中国领导人才意识到发展实业有多重要，减少对外依存度，建立完整的生产门类，才能有在世界经济中保持定力、稳定发展的基础，使得经济结构更加稳定。目前，我国已经进入完善制造门类的阶段，制造门类已经比较齐全，中国也正在实现着从"中国制造"到"中国智造"的转变。

因此，实业关乎一个国家的未来，关系人民幸福安康；发展实业，实业兴邦，是国家强大的必由之路。

二、中国实业发展之路简述

（一）古代中国之商业神话

古代的中国处于自给自足的自然经济阶段，生产技术水平低下，封建统治者推行重农抑商政策，但勤劳、勇敢、智慧的中国人民还是创造一个又一个的商业神话。中国古代商业的发展情况如下所述。

1. 重农抑商下的古代商业

商朝人以善于经商著称，商朝灭亡以后，商代的遗民以贩卖东西来维持生活，部分学者认为此为“商人”的来源。春秋战国时期，官府控制商业的局面被打破，商人的社会地位提高。秦汉以来，统治者多推行重农抑商政策。秦汉至隋唐，商人经商受到时间、地点的限制，商业总体水平还不高。隋唐时期，农业、手工业的发展，大运河的开通，有利于商业的发展，除都市商业外，农村集市贸易也发展起来，为商业服务的柜坊和飞钱相继问世。两宋的商业经济空前繁荣，商业环境相对宽松，出现了世界上最早的纸币——交子，商税成为政府的重要财源。元朝时，大都成为国际性的商业大都会。明清时期，城镇商业呈现繁荣景象，大量农副产品成为商品，区域间长途贩运贸易发展较快，一些地方还出现了地域性的商人群体，即商帮，其中人数最多、实力最强的是徽商和晋商。

2. 市的变迁和城市的发展

宋朝以前，县治以上的城市一般都在特定的位置设市，市与民居严格分开。官府设市令或市长，对市场交易进行严格的管理。宋朝时，城市中坊和市的界限被打破，市分散在城中，城郊和乡村的“草市”也更加普遍，出现了汉口镇、佛山镇、景德镇、朱仙镇等四大商业名镇。旧时日中对市的经营时间限制被打破，早市、夜市昼夜相接。古代的长安、洛阳、开封、临安、大都等大城市，既是政治中心、军事重镇，也是著名的商业中心。扬州、成都等一批南方城市成为当时最繁荣的大都会，以至出现“扬一益二”的说法。

3. 官府控制下的对外贸易

西汉时，由于开通了陆地和海上两条丝绸之路，中外贸易逐渐发展起来。唐朝时，广州成为重要的外贸港口，政府在这里设有市舶使，专管对外贸易，海外贸易税收成为南宋

国库的重要财源。元朝时,泉州是重要的对外贸易港口,被誉为当时世界第一大港。在官府控制下的中国古代对外贸易中,朝贡贸易占有重要地位,其目的不在于获取最大的经济效益,而是要宣扬国威,加强与海外各国的联系,满足统治者对异域珍宝特产的要求。明清时期,统治者实施海禁和“闭关锁国”政策,中国对外贸易渐趋萎缩,只开广州一处对外通商,规定由政府特许的广州十三行统一经营对外贸易。

(二)近代中国之实业救国

1. 实业救国思潮的产生背景

古代中国是一个传统的农业大国,一直以来都是以农为本、商为末,封建社会重农抑商这条无形的绳索一直束缚着人们的手脚,阻碍了生产力的发展。鸦片战争后,清朝统治走向崩溃,国家危机四伏,其中最严重的危机是封建社会赖以存在的基础——自给自足的自然经济日益解体。

洋务运动开始后,重商主义开始逐渐取代重农抑商思想,洋务派重视实业创办,以“求富”致“求强”,先后建立了一批军事工业和民族工业,比较重要的军事工业有曾国藩创设的安庆内军械所、左宗棠开办的福州船政局、李鸿章成立的江南制造总局和崇厚经营的天津机器制造局等,规模较大民用工业有李鸿章在上海开办的轮船招商局和在天津设立的开平煤矿、张之洞在湖北设立的汉阳铁厂和湖北织布局等。因此,洋务运动是当时中国人实业救国努力的见证,也是近代中国工业化开始起步的标志。甲午战争给中国社会带来了严重的经济危机,民间经济自救意识不断增强,同时,西方经济学理论传入中国,一些有识之士认为振兴工商业更能致富求强。清政府痛定思痛,以恤商惠工为基本国策,鼓励发展实业,并采取了一些具体的措施。实业救国思潮就在这样一个背景下兴起了。

安庆内军械所

福州船政局

2. 实业救国思潮的发展阶段

实业在当时用来指代以农、工、商为核心的近代经济部门或体系,是一个广义上的实业。后来人们也使用狭义上的实业,就是指农、工、商等各项具体的实业,强调的是实业的各个组成部分。清末时期,实业救国思潮经历了从酝酿到兴起的阶段。

江南制造总局

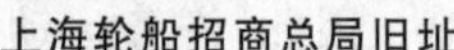

上海轮船招商总局旧址

天津开平煤矿旧址

汉阳铁厂

1）酝酿时期

酝酿时期是指鸦片战争爆发以后到1894年甲午战争前。随着鸦片战争的爆发，国门被打开，西方经济理论被引入和传播，以郑观应、王韬等为代表的思想家继承发展了林则徐、魏源经世致用的务实精神，提出了以“士商平等”、“商战固本”和“以商立国”为中心的一系列具有反抗传统和外来侵略性质的重商思想。重商思想的产生为实业振兴思想的产生和发展提供了条件，奠定了基础。

2）萌芽时期

萌芽时期是指甲午战争以后至1901年。这时期发生的戊戌政变和八国联军侵华战争使中国社会受到极大震动，于是，“实业救国”思想渐为世人所注意，从而发展成为一股社会思潮。

3）兴起时期

兴起时期是指1901—1910年。1901年，清政府宣布实施新政，其中一个重要内容就是振兴商务、奖励实业。1903年，清政府设立专司保护和奖励工商业的国家机构——商部，接着颁布了一系列工商业规章和奖励实业的办法，如《钦定大清商律》《商会章程》《试办银行章程》等。这些章程规定允许自由发展实业，奖励兴办工商企业，鼓励组织商会团体。这些都有利于民族工商业的发展，有利于社会经济的繁荣，从此，中国工商实业的发展进入了一个新阶段。

辛亥革命以后，民国的建立使实业救国思潮进一步高涨，但是中国的实业并没有如世人所希望的那样进入一个快速发展的时期。虽然辛亥革命后国内在舆论、政策等方面形成了一些有利于实业发展的条件，民族工商业者也想借此契机谋取更大的发展，但这种表面的繁荣并没有真正转化为实业的大发展。实际上，从 1911 年到 1914 年，我国民族工商业的发展一直处于低潮。

中国实业的真正大发展是在一战时期，第一次世界大战的爆发为中国实业的发展提供了契机。一战期间，欧美主要帝国主义国家先后卷入大战，不仅减少了对华的商品输出，而且增加了对华商品的需求，中国的民族资本就在这样的空隙里急速发展起来，进入了它的“黄金时代”，这一时期以纺织业和面粉业为代表的轻工业得到了前所未有的发展。但很快在帝国主义的军事侵略和商品输入及资本输入的冲击下，大量的民族工业破产。实业救国的道路由于受当时中国社会发展的历史条件所限而没有成功，但也是中国工业化历史发展上的重要一步。

3. 实业救国思潮中的典型代表

洋务派代表人物张之洞

张之洞是清末著名的封疆大使和洋务运动的后起之秀。他具有浓厚的爱国主义思想，他提出“以工为本”的富国论，强调农、工、商实业并重，并注意协调三者之间的关系，他认识到工业在农、工、商业中的枢纽地位，工业是农业、商业发展的杠杆，是经济活动的中心。张之洞初步认识到发展实业—开利源—图自强—御外辱之间的内在关系，强调先富后强，并先后创办大批工矿企业，在一定程度上推动了本国民族经济的发展，在“开利源”“图自强”上产生了一些功效。

张謇是近代状元实业家，以状元身份创办实业，在创办实业的过程中不断思索，提出了实业救国的口号，形成了以富民为目的，以优化事业发展环境为前提，以棉铁主义为核心的实业救国方案。同时，他阐明，完善的法律、良好的金融机构、合理的税收、政府的奖励是事业发展的前提，是构成事业发展的外部环境。

孙中山的建国方略

孙中山在其一生中，奔走革命数十年，他一生的理论著述《建国方略》(含《实业计划》)是其代表作，在《实业计划》中他一再指出发展农业和振兴实业是国家富强的必由之路。他认为：革命成功取得政权后，首要问题是发展实业(工业)，这是实现民生主义的必由之路；发展水陆交通作为首要条件和核心内容，这是现代化建设创造条件所必需的，是振兴实业、经济建设的重点，而发展交通，尤要注意铁路建设；另外，还包括工业(含矿业、现代化工业企业)、农业(含林业)等多个方面。

(三) 现代中国之实业兴邦

1. 实业兴邦的历史使命

中国走向工业化,是一百多年来中国人的梦想和追求,也是近、现代中国社会的主旋律。

20 世纪 20 年代,中国仍处于北洋政府的统治之下。这一时期的官僚资本主要是接办清廷创办的企业,自己设立的很少,军事工业主要是从清廷手中接办过来的十几个机器局,这些工厂多半处于半停顿状态,没有什么大的发展,民用工业也是如此。20 世纪 30 年代,日本帝国主义在占领中国东北地区后,为了满足战争的需要和掠夺中国的资源,开始兴建一批重工业企业,这批重工业企业以钢铁、煤炭为发展核心,在中国的土地上建立他国的企业,对中国进行侵略,中国实业兴邦更是无从谈起。抗日战争全面爆发后,在美国和英国的支持下,中国的官僚资本主义工业出现了一个发展的高潮,但这些工业主要是为战争服务的军事工业,这些工业并没有真正成为国民经济的支柱产业,也没有形成具有经济规模的基础产业,可以说新中国成立以前中国工业化始终没有取得实质性的进展。

缺少工业,特别是新式大工业既是中国落后的表现,更是中国落后的原因。帝国主义之所以敢侵略中国,就是因为中国没有强大的工业。这样,建设现代化工业,通过现代化工业立国、富国、强国的任务就历史地、必然地落在了以中国共产党为领导的中国人民身上。

2. 实业立国探索与实践

对中国工业如何发展、变落后的农业国为先进的工业国问题的理论认识与实践探索早在新民主主义革命时期就开始了。在中共七大上,毛泽东就指出:新民主主义革命胜利后,在经济建设中,要发展大规模的工业,逐步地建立重工业和轻工业,使它们在国民经济比重上占极大优势。毛泽东在《论人民民主专政》中指出:“人民民主专政的国家,必须有步骤地解决国家工业化的问题。”可见,在新民主主义革命时期,工业化已经成为中国共产党人的战略目标,同时也提出了中国经济建设和工业建设的设想:“建立以国营经济为主导的多元化经济主体体制”“计划与市场双重调节的实现机制”“农业与工业的相互促进,协调发展”“利用世界市场发展中国工业,采取积极利用外资的对外战略”。

新中国成立后受国内、国外双重因素的影响:一是美国等西方国家对新中国采取敌视的态度与封锁的政策,以及苏联重工业发展战略取得了巨大的成功的经验;二是在国内缺少能够带动整个工业发展的重工业,无法改造落后的农业,国家就无法真正独立和富强。为迅速改变一穷二白的落后面貌,在最短的时期内成为一个强国,新中国不得不按照苏联经验,选择了优先发展重工业实现立国的工业化道路。

一五期间提出了以社会主义工业化为基本内容的过渡时期总路线,用大概 15 年左右的时间逐步实现国家的社会主义工业化,并实现国家对农业、手工业和资本主义工商业的社会主义改造,简称“一化三改”。因此,许多学者都把一五计划认定为现代中国工业化起步的标志。

人民画报1955年 第8期——第一个五年计划

中国的工业化在效仿苏联模式中取得了巨大的成就，但是对中国国情也表现出了明显的不适应性。以毛泽东同志为核心的党的第一代中央领导集体对我国一五时期的工业化建设与苏联工业化模式进行理论反思和经验总结，提出了适合中国国情的正确处理以重工业、轻工业和农业发展为主的十大关系问题，逐步确立了建设“四个现代化”的社会主义强国并分“两步走”的发展战略。

人民日报

论十大关系

经过近30年的实践，中国工业化取得了举世瞩目的成就，建立起了分布于全国骨干城市的国营工业体系，在军工、能源、矿产冶金、机械、化工等众多领域取得了历史性突破。到1976年，中国成为世界第六大工业国，走完了资本主义国家要用100多年走完的路，国际地位空前提升，完成了“中国人民站起来”的任务。归根到底，以大型国有企业为骨干的独立、完整的工业体系，是现代中国所取得的最伟大的经济成就，是中国当今国力与命脉之所在，也是当今中国之所以能雄立于世界而傲视世界的本钱之所在，更是实现中华民族伟大复兴、未来完成“新一轮工业革命”和技术升级的根本基础。

3. 实业富国探索与实践

在落后的中国进行工业化的初期阶段，计划经济是当时的一种特别有效的组织形式。中国在 20 世纪 50—70 年代，为了优先发展重工业部门，曾付出了巨大的代价。在当时国内资金和资源（开发能力）非常有限的约束下，国家不得不强迫农业和消费品工业（包括民用建筑业）部门为重工业部门让路，从而抑制了它们的发展。

同时期其他国家和地区的经济在腾飞和崛起——亚洲出现了“四小龙”，而国内人民生活水平却不高，这使我们党更加深切地认识到走现代工业化道路的紧迫性。因此，十一届三中全会以后，邓小平果断坚持实事求是的思想路线，在理论上解决了“社会主义的本质及其初级阶段”“计划与市场”等问题。在经济上大刀阔斧、锐意进取，以经济建设为中心，以改革开放为突破口，为传统工业化向现代工业化迈进开辟出新天地。首先，在农村推行家庭联产承包责任制，为实现农村工业化和工业现代化创造了条件；其次，开展以国有企业为重点的改革，鼓励和引导多种经济成分并存，为现代工业化发展注入了活力；然后，进行了社会主义民主法制建设，为中国工业化顺利进行提供了保障；最后，提出了“科学技术是第一生产力”的重大命题，用高新技术对传统产业进行改造。以邓小平同志为代表的中国共产党人对我国现代工业化道路进行了大力的探索与实践，并为新型工业化道路探索提供了重要的理论基础和制度基础。

走新型工业化道路是中国顺应世界科技经济发展的必然选择。自 20 世纪 90 年代以来，伴随着信息技术革命，经济全球化也深入发展，世界范围经济贸易发展的资金技术流动加快，各国经济和市场进一步相互开放、相互依存，竞争也更加激烈。新型工业化道路所追求的工业化，不是只讲工业增加值，而是要做到"科技含量高、经济效益好、资源消耗低、环境污染少、人力资源优势得到充分发挥"。2001 年，中国正式成为 WTO 成员，中国工业尤其是船舶、机床、汽车、工程机械、电子与通信等产业发展迅猛，迅速融入全球，并且许多产业都在全世界位于前列。

经过 30 多年的探索，具有中国特色的工业化体系逐步形成，它确立了制造大国的地位，并稳步地向"智造强国"迈进。"中国制造""超级工程""新四大发明"已经闻名全球，向全世界展示了"中国速度"，一件件"大国重器"横空出世，众多高技术、高附加值、顺应转型升级趋势的新产业，已成长为推动我国制造业发展的新引擎，有力拉动着经济增长。

我国工业文明比西方晚起步了两三百年，但我们只用了不到 70 年时间，就已做到世界工业产业规模最大、产业体系和链条最完整的水平。这 70 年的历程是"立国""富国""强国"的历程；这 70 年的历程是从"没有民族的独立就没有国家富强""不能带来经济发展和人民富裕的社会主义，我们宁肯不要"，到"走世界和平发展之路"的历程；这 70 年的历程是何其艰辛又何其荣耀，是优越的社会主义制度的胜利。反观以发达资本主义国家为主导的西方文明曾经取得非常辉煌的成就，在世界上独领风骚 300 多年，然而西方世界在取得这些文明的同时却是充满了战争、掠夺与杀戮，是建立在其他民族的痛苦之上的，从美洲原住民被屠戮殆尽、非洲奴隶贸易、鸦片贸易、无休止的战争到今天的"世界警察""经济制裁""贸易封锁""挑动战争"等。中国取得今天这样伟大的成绩是中华优秀传统文化的胜利。中国传统文化的重要内容就是"以和为贵"，和合文化是中国人思想的精髓，和合文化的重要体现就是在民族与国家关系上主张天下一家，热爱和平，反对侵略，共享成果。因此，中国提倡与其他国家建立利益共同体、命运共同体和责任共同体，提出了"一带一路"倡议。"一带一路"是"丝绸之路经济带"和"21 世纪海上丝绸之路"的简称，2013 年由中国国家领导人提出建设"丝绸之路经济带"和"21 世纪海上丝绸之路"的合作倡议，旨在打造开放、包容的国际区域经济合作平台。它得到了联合国第 71 届大会和世界多数国家的支持，现已有 60 多个国家和组织加入"一带一路"行列，并取得了一系列重大成果。共建"一带一路"将深刻地改变中国，也将激发沿线国家的经济发展潜力，实现互利共赢、互惠互利，随着合作的深入，"一带一路"将有可能成为世界上最长的经济大走廊。

4. 制造强国发展战略

制造业是国民经济的主体，是立国之本、兴国之器、强国之基。为把我国建设成为世界制造强国，2015 年 5 月，国务院正式印发《中国制造 2025》，2016 年，《中国制造 2025》进入全面实施新阶段。

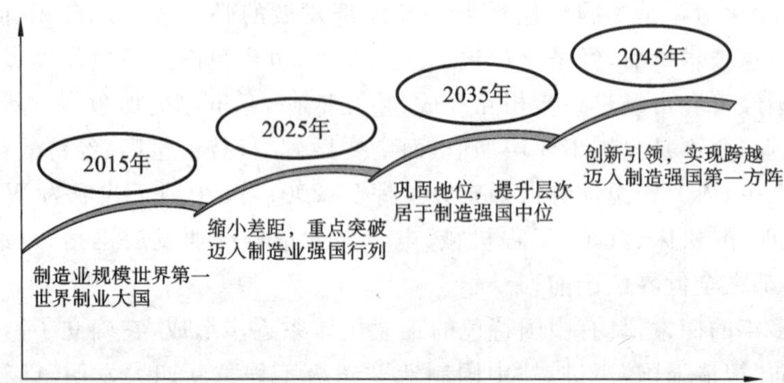

《中国制造 2025》是在新的国际、国内环境下，中国政府立足于国际产业变革大势，做出的全面提升中国制造业发展质量和水平的重大战略部署。通过实施制造业创新中心（工业技术研究基地）建设工程、智能制造工程、工业强基工程、绿色制造工程、高端装备创新工程五大工程，重点对新一代信息技术产业、高档数控机床和机器人、电力装备、新材料、先进轨道交通装备等十大产业领域进行建设，力争通过三个十年的努力，到新中国成立一百年时，把我国建设成为引领世界制造业发展的制造强国，为实现中华民族伟大复兴的中国梦打下坚实基础。

根据国际国内形势和我国发展条件，在不同的历史阶段，提出相应战略目标引领事业发展，是我们党执政兴国的重要经验。2017 年 10 月，党的十九大报告中指出了中国发展新的历史方位——中国特色社会主义进入了新时代，提出了用两个十五年基本实现社会主义现代化和全面建成社会主义现代化强国的阶段战略目标，这是对“三步走”战略的新的继承、发展和创新。针对如何全面建成社会主义现代化强国，《人民日报》客户端、央视新闻移动网等多家权威媒体发布了中国未来要干的一百件大事，这一百件大事集中于建设现代化经济体系、全面推进国防和军队现代化、推进祖国统一、推动构建人类命运共同体、建设美丽中国等方面，届时我们这一代人将一起见证、实现中华民族伟大复兴的百年梦。

三、实业兴邦中的人才因素

（一）人才的地位与作用

国以才立，政以才治，业以才兴。对于一个国家、一个民族，甚至一个行业，人才都是最宝贵的资源。人才鲜明的特征便是有“才”，经天纬地是“才”，能工巧匠是“才”，技高一筹是“才”，能言善辩是“才”……人才在不同的历史阶段、不同的行业学科领域，其内涵和外延又有所侧重，因此，人才就是指在一定的社会历史条件下，能以其知识、技能和智慧从事创造性劳动，为社会发展和人类进步做出较大贡献的人。

在古代，统治者非常重视人才在国家的治理中的重要作用，从“周公吐哺”“楚才晋用”“五羊大夫”“六国封相”“毛遂自荐”“三顾茅庐”“贞观之治”“人存政举、人亡政息”等典故和成语中可洞其概要。到了近代，龚自珍目睹世危时艰的现状，渴望人才，发出了最通彻、急切的呐喊——“我劝天公重抖擞，不拘一格降人才”；面对清政府内忧外患、风雨飘摇的残酷社会现实，一些具有爱国主义思想的开明士绅深知人才乃国家之元气、治道之根本，开始放眼世界，他们在进行实业兴国的同时，也开始投身于教育兴国的行列之中，注重精通西学的新式人才如语言人才、军事人才、技术人才、外交使才和实业人才的培养，以期人才富国。民国时期，西方文明快速涌入，国家处于各种地方势力割据，各势力出于自身利益的追求，某些领域的人才有了用武之地。新中国成立初期，知识分子的绝大部分已经是工人阶级的一部分，解决了知识分子的阶级属性问题，这在以“阶级斗争为纲”的时代是对知识分子作用的某种意义上的肯定。在此期间，出现了“两弹一星元勋”“人工结晶牛胰岛素团队”等重量级人才，为国家的“立国”做出了不可磨灭的贡献。改革开放至今，在认识上，实现了从“尊重知识，尊重人才”“人才资源是第一资源”“科学人才观”到“聚天下英才而用之”的转变，实施了科教兴国战略、人才强国战略，赋予了人才新的时代内涵，为努力形成人人渴望成才、人人努力成才、人人皆可成才、人人尽展其才的良好局面打下了良好的基础。

因此，人才是先进生产力和先进文化的重要创造者和传播者，是社会发展的宝贵资源。在科学技术发展创新日新月异的当今时代，人才是一个国家、一个地方发展的核心竞争力，国家之间、地区之间的竞争，终归到底是人才之间的竞争。人才资源作为“第一资源”的重要地位日益凸显：谁拥有优秀的人才资源，拥有强大的高素质人才队伍，谁就能在国际以及地区竞争中占有优势，赢得主动。一个惜才爱才的国家必然是一个充满希望的国家，有了源源不断的人才优势，中华民族伟大复兴指日可待。

(二) 实业人才的教育培养

在中国古代，人才可界定为经世之才、经国之才，由于封建社会以农业经济为主，重视治国、平天下，因此古代人才具有官本位取向，重政治军事型人才、轻经济型人才的取向，重道德、崇操守取向，重人文型人才、轻科技型人才的取向的特点。在人才培养方面，从横向上看，教育制度和机构以官学、私塾和师徒教育为主，从纵向上看，经历了从原始社会的选贤任能的民主制、奴隶社会的世卿世禄制、封建社会的察举征辟制、九品中正制和实行了一千三百多年的科举制的变迁；从教育目的上看，主要是培养为特权阶层服务的治国人才；从教育内容上看，主张以伦理道德治天下，漠视科技，以至把科技创新看作“奇技淫巧”，从事科技的人只能忝列末技。即便这样，古代中华民族在科学技术方面的成就亦是非凡，除了拥有惠及全球的四大发明外，在数学、天文、地理学、医学、陶瓷、纺织技术等领域都成就卓异，古代农业科学也长期处于世界先进水平。

到了近代，随着中国国门的打开，西方工业文明和民主共和思想迅猛涌入中国，以科举制度为核心的传统教育体制和选官制度已无法满足社会发展的需要，中国被逐步打上半殖民地半封建和官僚资本主义的标签，中国社会的阶层结构也发生了重大的变化，出现了官僚资产阶级、民族资产阶级和工人阶级等阶层。为实现富国、强国，维护阶层自身的利益，急需大批关心国家和民族命运、支持变革的现代化人才，这一阶段人才的培养以满足发展农工商等实业所需的实用之才、专门人才为主，赋予了实业人才最基本的含义。在教育制度方面，从洋务运动到晚清新政时期，逐步废除了科举制度，成立了专门的教育机构，仿照欧美及日本等资本主义国家逐步建立起以振兴农工商各项实业为目的的新式学堂，进行留洋教育，同时欧美国家也在中国建立了大量的教会学校。中华民国成立后，为了摒弃封建专制主义教育，制定了“注重道德教育，以实利主义教育、军国民教育辅之，更以美感教育完成其道德”的民国教育方针外，还实施了“壬子癸丑学制”。该学制包括普通教育、师范教育和实业教育三个系统，针对实业教育公布了《实业学校令》和《实业学校规程》，规定“实业学校以教授农工商业必需之知识技能为目的”，实业学校的种类有农业学校、工业学校、商业学校、商船学校、实业补习学校等，在《实业学校规程》中，具体规定上述各种实业学校的种类、分科及课程等。近代实业教育的改革，培养了一批与世界接轨的实业人才，但是受教育者以具有一定经济基础的“开明遗少”和资产阶级阶层为主，具有先进思想的工人阶级和农民阶级则通过留欧勤工俭学等方式接受实业教育。

党和国家历来重视对人才的培养和选拔。在新民主主义革命时期确立了民族的、科学的、大众的人才观。新中国成立后，毛泽东提出了“我们的教育方针应该使受教育者在德育、智育、体育几个方面都得到发展，从而成为有社会主义觉悟的、有文化的劳动者”这一对新中国影响巨大的全面发展人才观。改革开放后，邓小平提出了“四有”人才的标准和“教育要面向现代化、面向世界、面向未来”的人才观。江泽民提出“尊重劳动、尊重知识、尊重人才、尊重创造”的方针和“人才资源是第一资源”的论断。胡锦涛提出了大力实施人才强国战略，为全面建设小康社会提供坚强的人才保证和智力支持。习近平则指出：“我们要以识才的慧眼、爱才的诚意、用才的胆识、容才的雅量、聚才的良方，广开进贤之路，把党内和党外、国内和国外等各方面的优秀人才吸引过来、凝聚起来，努力形成人人渴望成才、人人努力成才、人人皆可成才、人人尽展其才的良好局面。”

当前，中国已经进入一个新的时代，真正的新时代中国特色社会主义人才应该具备“五维一体”的综合素养。一是从思想价值上讲，爱党爱国。爱党爱国是每一个中国人本然的思想价值，“科学无国界，科学家有祖国”“具有强烈的爱国情怀，是对我国科技人员第一位的要求”。二是从道德品质上讲，高尚正能。一个人才就是一个导向，这就必然要求人才具备良好的社会公德、职业道德、家庭美德、个人品德，就必须是一位高尚正能之人，德行是人才判断的一个重要标准。三是从格局思维上讲，大局智思。一个人只有有大格局，才会有大视野和深情怀；一个人只有有很高的站位，才能看到历史、未来和全局。习近平总书记明确指出：“大时代需大格局，大格局需大智慧。”只有格局没有思维，是空洞的格局；光有思维没有格局，是缺乏智慧的算计。人才应该具备“七大思维”：深邃的历史思维、严密的辩证思维、宏阔的战略思维、强烈的创新思维、整体的系统思维、清醒的底线思维和规范的法治思维。四是从实践能力上讲，创新实干。只有创新才能解决问题和推动发展，创新是人才最重要的特征之一。我国要想在科技创新方面走在世界前列，必须在创新实践中发现人才，在创新活动中培育人才，在创新事业中凝聚人才，必须大力培养造就规模宏大、结构合理、素质优良的创新型科技人才。但是，创新必须实干，实干才能创新，没有实干的创新都是口号或理念。五是从作风纪律上讲，遵纪守法。纪律和法律是“保护膜”，也是“高压线”。人才必须懂得敬畏，一个不懂敬畏纪律和法律的人很难成为人才，即使有才也很容易走向错误的方向，或者“被才所害”。习近平总书记指出：“法规制度面前人人平等”“每一个人都应遵守法律，这是不可挑战的底线”“法律是治国之重器，法治是国家治理体系和治理能力的重要依托”。

（三）当代大学生如何成长成才

“少年智则国智，少年强则国强，少年进步则国进步。”纵观历史，从五四运动以来，中国青年的前途命运从来都是同国家、民族的前途命运紧紧联系在一起的，实现中华民族的伟大复兴，是一代又一代中国人矢志不移的奋斗目标，现在这一伟大使命已经落到我们这一代青年身上。当代青年大学生要把自己的命运和国家民族的命运联系起来，多关心时事政治，了解世界的发展趋势和中国所处的国际环境，要做到真正的心怀祖国，要把爱国之心与自己的行动与实践相结合。

1. 志存高远，树立正确的价值观

翻开历史长卷，凡成不朽伟业者，皆是志存高远之人。周总理一句“为中华之崛起而读书”感动了多少人。志存高远，是历史赋予我们的使命，也是自我成长成才的要求。大学生作为时代的精英，未来的栋梁，不应仅仅考虑自身的发展而忽视对国家、对民族的责任。“胸怀天下，放眼世界”，是国家对我们的要求，也是我们内心的渴望。

2. 积极的心态

人才不可或缺的就是积极的心态，其中包括个人的勤奋、谦虚、恒心、意志等品质。“宝剑锋从磨砺出，梅花香自苦寒来”，命运掌握在勤勤恳恳工作的人的手中；谦虚待人、谦虚处事的人才可能认识到自己的不足与缺陷，才可能不断提升和超越自我；而恒心与毅力，使我们在面对困难时不轻言放弃，克服重重挫折而最终达到成功。

3. 提高学习能力

当今社会，被称为“信息大时代”，我们社会所需要的人才，已不仅仅是传统意义上的“专才”，而是在自身具有一定程度专业知识的基础上，又具有较广的知识面。再者，如今科学知识更新升级的快速性，也要求我们具有较高的学习能力。这其中包括我们收集信息的能力、处理信息的能力，也包括我们将学到的知识与实际相联系的能力，将理论用于实践，在实践中悟出真理。

4. 健康的心理素质

人才必备的条件是健康的心理素质，只有有健康的心理素质，才能正确看待和解决成才道路上的种种问题，才能实现自身价值。任何人的成才道路不会是一帆风顺的，心想事成只是人们的美好愿望，主客观条件缺一不可，因此我们必须在大学时代就注重培养与磨砺自身的心理素质。

第二节　大有作为的学科专业

一、学科与专业的基本内涵

学科与专业，二者都是知识分类的产物。由瑞典和德国的两位教授共同主编的《国际教育百科全书》里就明确指出了大学最初是围绕哲学、医学、法律和神学四种学科建立起来的，之后派生出若干专业性学科。研究越来越深，知识越来越细，科学既分化又重组。大学由学科组成，学科是大学的核心，学科可细化为专业，学科比专业范畴大。2011年国务院学位委员会、教育部印发《学位授予和人才培养学科目录》，明确学科目录分成的学科门类和一级学科，是国家进行学位授权审核与学科管理、学位授予单位开展学位授予与人才培养工作的基本依据，适用于硕士、博士的学位授予、招生和培养，并用于学科建设和教育统计分类等工作。学士学位按本目录的学科门类授予。2012 年教育部颁发《普通高等学校本科专业设置管理规定》，明确本科“《普通高等学校本科专业目录》分为学科门类、专业类和专业三级”，它们基本与研究生学位的学科门类、一级学科和二级学科相对应。

学科指向科研，而专业指向教学。学科的概念体现着一个研究领域，而专业则明显是一个育人的概念范畴，如教师隶属于学科而学生就学习专业。

二、我国高等教育涉及的学科与专业

目前我国高等教育有 12 个学科，分别是：哲学门类下设专业类 1 个，4 种专业；经济学门类下设专业类 4 个，17 种专业；法学门类下设专业类 6 个，32 种专业；教育学门类下设专业类 2 个，16 种专业；文学门类下设专业类 3 个，76 种专业；历史学门类下设专业类 1 个，6 种专业；理学门类下设专业类 12 个，36 种专业；工学门类下设专业类 31 个，169 种专业；农学门类下设专业类 7 个，27 种专业；医学门类下设专业类 11 个，44 种专业；管理学门类下设专业类 9 个，46 种专业；艺术学门类下设专业类 5 个，33 种专业。

目录分为基本专业（352 种）和特设专业（154 种），并确定了其中 62 种专业为国家控制布点专业。特设专业和国家控制布点专业分别在专业代码后加“T”和“K”表示，以示区分。

三、山工院学科与专业

我们学校现有五个学科：管理学、理学、法学、工学、经济学。其中工学是主要学科，占到70%的比例。我校努力打造培养工程师的摇篮，这是和教育部的要求吻合的。

“卓越工程师教育培养计划”（简称“卓越计划”）是国家教育部贯彻落实《国家中长期教育改革和发展规划纲要（2010—2020年）》和《国家中长期人才发展规划纲要（2010—2020年）》的重大改革项目，也是促进我国由工程教育大国迈向工程教育强国的重大举措，旨在培养、造就一大批创新能力强、适应经济社会发展需要的高质量各类型工程技术人才，为国家走新型工业化发展道路、建设创新型国家和人才强国战略服务，对促进高等教育面向社会需求培养人才，全面提高工程教育人才培养质量具有十分重要的示范和引导作用。

1. 主要目标

卓越计划的主要目标是：面向工业界、面向世界、面向未来，培养造就一大批创新能力强、适应经济社会发展需要的高质量各类型工程技术人才，为建设创新型国家、实现工业化和现代化奠定坚实的人力资源优势，增强我国的核心竞争力和综合国力。以实施卓越计划为突破口，促进工程教育改革和创新，全面提高我国工程教育人才培养质量，努力建设具有世界先进水平、中国特色的社会主义现代高等工程教育体系，促进我国从工程教育大国走向工程教育强国。

2. 基本原则

卓越计划遵循“行业指导、校企合作、分类实施、形式多样”的原则。联合有关部门和单位制定相关的配套支持政策，提出行业领域人才培养需求，指导高校和企业在本行业领域实施卓越计划。支持不同类型的高校参与卓越计划，高校在工程型人才培养类型上各有侧重。参与卓越计划的高校和企业通过校企合作途径联合培养人才时，要充分考虑行业的多样性和对工程型人才需求的多样性，采取多种方式培养工程师后备人才。

3. 实施领域

卓越计划实施的专业包括传统产业和战略性新兴产业的相关专业。要特别重视国家产业结构调整和发展战略性新兴产业的人才需求，适度超前培养人才。卓越计划实施的层次包括工科的本科生、硕士研究生、博士研究生三个层次，培养现场工程师、设计开发工程师和研究型工程师等多种类型的工程师后备人才。

教育部在如下五个方面采取了措施推进卓越计划的实施：

一是创立高校与行业企业联合培养人才的新机制，企业由单纯的用人单位变为联合培养单位，高校和企业共同设计培养目标，制定培养方案，共同实施培养过程。

二是以强化工程能力与创新能力为重点改革人才培养模式。在企业设立一批国家级工程实践教育中心，学生在企业学习一年，“真刀真枪”做毕业设计。

三是改革完善工程教师职务聘任、考核制度。高校对工程类学科专业教师的职务聘任与考核要以评价工程项目设计、专利、产学合作和技术服务为主，优先聘任有在企业工作经历的教师，教师晋升时要有一定年限的企业工作经历。

四是扩大工程教育的对外开放。国家留学基金优先支持师生开展国际交流和海外企业实习。

五是教育界与工业界联合制订人才培养标准。教育部与中国工程院联合制订通用标准,与行业部门联合制订行业专业标准,高校按标准培养人才。参照国际通行标准,评价卓越计划的人才培养质量。

目前全国已有208所高校的1 257个本科专业点、514个研究生层次学科点参与"卓越工程师教育培养计划",覆盖在校生约26万人。下一步,教育部将实施"卓越工程师教育培养计划"2.0,持续深化工程教育改革;积极推动国家层面《大学生实习条例》立法进程,完善党政机关、企事业单位、社会服务机构等接收高校学生实习实训的制度保障;深入开展新工科研究与实践,建设一批多主体共建的产业学院和未来技术学院、产业急需的新兴工科专业、体现产业和技术最新发展的新课程等;构建产学合作协同育人项目三级实施体系,持续完善多主体协同育人的长效机制,打造产教融合、校企合作的良好生态。

同学们,努力吧,你们将是未来的工程师。

第三节　有激情更需有能力

一百年前梁启超先生提出"少年强则中国强",一部《战狼》让我们看到"犯我中华者,虽远必诛",一部《红海行动》让我们明白有种感动叫"祖国带你回家",一部《厉害了,我的国》则更是让我们感受到凝聚的中国力量,它并以最为通俗的话道出了国民的心声:"以前是有什么做什么,现在是只要你想怎么干,我们国家都有能力,能够干成!"综合国力的提升是我们最大的底气,"最好的装备、最好的工法、最好的工程……"给了我们敢想、敢做的勇气和能想好、能做成的激情,为我们搭建了施展才华、干事创业的广阔舞台。

但是作为大学生的你是否也会感叹世界如此精彩,而我声音却微不足道。在大学校园中的你,不知道可以做些什么。如今你是否还能想起清华大学梅贻琦校长那句"大学生者负新民工作之实际责任者也"?其实在山工院中,你就能找到答案。这些人、这些事,告诉我们激情、能力和责任的力量。

一、干事创业需要有激情

习近平总书记说："对事业、对工作要富有激情。"随后他又强调："首先是自己要始终充满激情，充满干劲，这样去干事业，才能更加主动，更加自觉。"

马云奉行激情人生，他激情创业，激情创新，激情冒险，善于用激情点燃他的团队。因此，在外人看来，阿里巴巴的员工就像一锅沸水、一个疯狂的陀螺，而这些正是造就阿里巴巴持续成功的激情神话。

（一）激情是什么

马克思说"激情是人强烈追求自己的对象的本质力量"。

激情(passion)的概念来源于哲学研究，从拉丁文"passio"演化而来，有受苦难的意思。从积极心理学的角度来说，激情是使生活更加有意义的重要因素之一，是个体对一项活动所表现出喜欢(甚至热爱)、感觉重要、需要投入时间和精力的一种强烈的倾向或者意愿，这项活动会成为个体自我认同的一个核心特征。

人一旦有了充足的激情，就能产生强大的内驱力，激发起为目标献身的坚强意志和奋斗热情，最终走向成功。对我们大学生来讲，只有把乐观向上、永不言弃作为常态；对学校、学业和同学充满热爱，以积极的心态面对困难和挫折，不轻易放弃，把不断自我鼓励、自我完善、不计得失、全身心投入的精神贯穿始终，才能在今后的学习、工作中奋力拼搏，创造辉煌，而这样的你是否已准备好？

姚武江是山工院2007级机电一体化专业的学生，2018年1月31日，他与雷健坤市长共同当选为山西省第十三届人民代表大会选出的人大代表，成为山工人的骄傲。而他的经历正是对激情最好的诠释。

姚武江曾围绕"工匠精神"谈到"心中设立目标，并通过孜孜以求的钻研，以娴熟精湛的技术，打造出最完美的品质"。在校期间，他勤奋好学，认真钻研机电维修，表现突出，曾多次获得学校及国家奖学金。2010年毕业后他进入阳煤机电队工作，承担井下电气设备维修、供电设计工作。但是他第一次修机电设备并不顺利，他坦言："当时自己不会，挺尴尬的。"于是，他想起母校"崇德尚能、行知合一"的校训和"勤奋、严谨、团结、进取"的校风，将在学校学到的理论知识与现场检修遇到的难题学用结合，追着老师傅求经验、学技术，不怕吃苦受累，经常加班加点。在检修过程中，他仔细研究了每个部件的结构组成和原理，做到了然于心。熟悉本职工作后的他并没有停滞不前，而是继续学习新的、先进的机电设备和引进的新技术，并摸索了西门子、三菱等国际先进设备的应用与编程，处理相关故障，逐步摸索出了一套检修方法，包括直观法、测量法、代替交换法、短接法等。为了让自己的技能水平更上一层楼，他重返山工院，主动进行"二次充电"，找到曾经的专业课

老师求教，针对自己的工作实际，进一步完善自身的知识储备，加速成为一颗璀璨的明星。

也正是这股精神，使得姚武江在工作中如鱼得水，先后完成了活字镂空模块、皮带运料急停装置、捞车器闭锁装置、保护节点易烧改进、快速栅栏等 10 项技术改造。由他一手设计的创新技术成果，还转化应用到了矿上的生产实践当中，每年为单位节约数万元的经济成本。阳煤集团一矿还专门成立了“姚武江大师工作室”，为企业培养了一大批技能人才。他先后荣获集团公司高技能人才、阳泉市二等功、全国煤炭青年五四奖章、全国技术能手、全国青年岗位能手等荣誉称号。在 2017 年中国技能大赛“同煤杯”第七届全国煤炭行业职业技能大赛上，姚武江从来自全国 15 个省(区)的 48 家煤炭企业的选手中脱颖而出，夺得全国煤炭行业职业技能竞赛综采维修电工竞赛第一名，并获得阳煤集团历史上最大力度的专项奖励 15 万元。他用实际行动诠释了激情，成为 130 万阳泉人的骄傲!

(二) 激情如何获取

激情是如此重要，那么激情要从哪里获取呢? 有的说来自理想，有的说来自热爱，有的说来自使命感，有的说来自责任，有的说来自压力，这些都是让激情生长的养分。归根结底，激情来自对物质世界的认识和对所要实现目标的追求。

姚武江在自己热爱的道路上已经走了那么远。身为大学生的你是否仍在校园里迷茫过：什么是自己真正想做的，是自己真正愿意追求一生的事业? 爱因斯坦说：“兴趣是最好的老师。”我国著名的心理学家林崇德说过：“天才的秘密在于强烈的兴趣与爱好。”由此可见，兴趣其实是促使我们在某一领域追求成功的驱动力。

曾经有人也问过弗洛伊德“怎样才能过得快乐而且有成效的一生”。弗洛伊德说：爱着，工作着。美国儿童心理学家戴维·艾尔金德觉得这种生活还是太无趣，于是便加上了玩耍，这样便成了人生金三角：热爱、努力、玩耍。好的人生，就是在热爱的领域努力地玩耍。

在山工院2018年毕业生的舞台上，出现了这样一位在热爱的领域努力玩耍的人，他叫葛士杰。因为崇拜特斯拉，2015年他考入山工院电气工程及其自动化专业，大四的他已拥有《一种蔬菜种植装置》《食品加工组件和食品加工机》《升降机构三维打印装置和三维打印机》《升降机构、三轴驱动装置及三维打印机》《一种夹心食品加工装置》《食品加工挤出机的动力装置》《基于FDM的食品3D打印机》共7项专利，其中发明专利3项。但是他绝不是一个只会读书和考试的学生，也没有立志成科学家的梦想，只因喜欢设计，热衷3D技术，并简单到只想为它们做点事情，便在短短3年的本科时光中，在3D技术领域展开探索，最终，他围绕3D的食品打印机发明的专利就多达5项，并为之后的研究道路打下坚实的基础。他说，在山工院，他曾做了许多选择，得到了很多的同时也失去了很多，但他乐在其中，不曾后悔。

左一为葛士杰

他珍惜课内课外的每一点时间，以及在学校3D打印实验室的时间。他说，那时候实验室里就他一个人，但他从没有感觉到孤单，有时工作到深夜，直到睡着前一秒还在思考白天的难题。

（三）兴趣如何培养

身为大学生的你是否可从姚武江、葛士杰身上得到这样的启示：激情首先可能来自兴趣，兴趣会产生快乐，并最终发现热爱的领域。

兴趣是带有一种情感色彩的认识倾向，以认识和探索某种事物的需要为基础，是推动一个人去认识事物、探求事物的一种重要动机，是一个人学习和生活中最活跃的因素。兴趣可分为三个层级：感官兴趣、自觉兴趣、志趣。

• 感官兴趣：通过直观的感官刺激产生的兴趣，多变而不稳定，无法让我们集中在任何一个事物上而形成能力。

• 自觉兴趣：在情绪的参与下，把兴趣从感官推向了思维，由此产生了更加持久的兴趣，让兴趣可以更加持久并定向在一个领域，在大脑里形成回路，产生能力。能力反过来带给我们更多的体会，能力—兴趣的循环，让我们慢慢精通某项能力，打开世界。

• 志趣：志趣不仅仅是兴趣，而是把自觉兴趣通过学习变成能力，通过能力寻找平台，获得自己满意又能获得认同的价值。例如姚武江同事这样评价他：刚开始，姚武江学技术，或许是他的兴趣，为了更好地处理故障，完成井下生产任务，抑或为了自身的成长和发展，而后来随着经验的不断积累，他对于技术的追求已经完全出于兴趣，在自觉兴趣之上发展出一种更加强大而持续的兴趣，这就是人类最高的兴趣等级。

知之者不如好之者，好之者不如乐之者，乐之者不如志之者。理解了兴趣，就很容易理解兴趣培养三部曲：

第一步，发现兴趣。让自己沉浸在足够的感官体验中，去发现兴趣，获得兴趣的第一动力。葛士杰说，上大学、发论文、申请专利、出成果是很多有想法的同学的梦想，他也有这样的梦想，但当时的他只是想想而已。

第二步，找到资源。为兴趣找到学习资源，尽快掌握更多的知识，使自己的感官兴趣进化到自觉兴趣。葛士杰有偶然的机会来到3D打印实验室，接触到3D打印技术，并喜欢上了3D技术，同时想起那个申请专利的梦想，想到是不是可以以3D打印为入口申请专利，于是他做了很多功课，查百度，找资料，请教老师，泡实验室等。

第三步，兑换价值。尝试着找到一个兑换价值的方式，把兴趣转换成价值。葛士杰在一个个专利申请下来后，在实现梦想的同时，获得了院长奖学金、特等奖学金、单项奖学金，得到奖学金共计8 900元。2017年他申请的山西省高等学校大学生创新创业训练计划项目立项，之后又参加第三届中国“互联网＋”大学生创新创业大赛获得了山西省二等奖，获得了3 000元的奖金，这些都为后来的研究提供了充足的资金。面对未来他也更有信心了。

有一份热爱的事业，是幸运且幸福的。热爱（兴趣）、努力、玩耍，整天过着这样的生活，总能找到自己热爱的领域，并在其中全力以赴、充满激情，又能对结果一笑而过，这样的你是否可做到？

二、干事创业更需要能力

一个专科生在校生，需要多大的勇气，才能休学创业，追求梦想？他叫张权，是山工

院计算机应用专业毕业生。他2012年入学，2013年创办了阳泉市日旭软件开发有限公司，至今服务了上千家中小企业客户，成为阳泉市公共交通总公司、阳泉市押运护卫有限公司、阳泉市矿区区委组织部、阳泉市国有资本运营投资有限责任公司、阳泉天元家用电器有限责任公司等众多政企单位长期合作的服务机构。2015年11月阳泉新闻频道对其事迹进行了报道，2017年阳泉市日旭软件开发有限公司的营业额达80万元。这一刻来临时，他抱着团队成员一起哭了，这是喜悦的泪水，在创业这条路上，他始终昂首挺胸。他说他知道无论何时何地，山工院始终在背后注视他、支持他。但这其中又需要付出多少？

（一）成功背后的秘密

我们在现实社会中有时会磕磕碰碰，丢失其一，在热爱的领域里努力却放不下得失之心来玩，我们对自己太苛刻，像台永不知疲倦的机器，忘记自己也有玩耍、快乐的要求，所以，我们活的身心疲惫。有的在热爱的领域里玩耍却因为害怕努力了也无法成功而从未真正地全力以赴，有的当一份工作做得不好的时候，便迅速换另一份工作；有的在某个领域里努力地玩，却不热爱。

“你对音乐这么感兴趣，我就不感兴趣。”

“他特别有语言天赋，所以英语学习得好！”

“你真有考试运，这门课得分这么高。”

我们或许会羡慕他们天赋超群，但他们却都有一个小秘密。

姚武江参加工作的第一天便被安排下井。这是他第一次下井，去的是总回风巷，“风很大，在井下走了1万多米”。生长在矿区的他，虽从小就知道煤矿工作辛苦，但没想到那么艰苦，他说：“从井下上来，满脸全是黑的，当时想如果天天都这样就真不太想干了。”

2016年，葛士杰初入3D打印实验室，他的梦想就是申请专利，要设计自己的产品。然而在孤独的设计道路上，他感到之前所学的、所做的都如同“过家家”。终于第一个专利U盘外观图纸已经做好，他用了1天时间找到了权威的专利申请流程，又用了大概7天时间，把申请材料写好了，然后将材料通过EMS(只能用EMS)的方式邮寄到了国家知识产权局，接着就是漫长的等待。他在心急中也曾怀疑自己是否是这个料。

张权说他当时的梦想就是创办一家以解决中小企业互联网营销困境、为企业提供互联网化服务的科技公司。但是在刚刚创业的那一年，他却因意见不合与合伙人散伙，初出茅庐他没有固定业务却不得不承担水、电、暖、租赁等所有办公费。到最后团队成员走的只剩下自己时，他在低迷中怀疑自己还是否有能力将公司支撑下去。

当我们羡慕别人的时候，有没有想过，也许这不是幸运，而是习得的一种能力。一个人生命中的财富、成就和光环，也许有幸运的成分，但是所展现出来的快乐、热爱和努力都不是“遇上”的，而是“修炼”出来的。每一项人生要素的背后，都有支撑它的能力。

（二）厚积能力的薄发

有一种非洲植物，是具有“草原之王”美称的尖毛草。它的生长过程令人印象深刻。最初半年，它是草原上最矮的草，半年后，雨水一到，三五天便有一两米高。原来，前六个

月里，它不是不长，而是一直在扎根部，雨季前，虽露一寸，但扎根地下超过 28 米。当储积了足够的养料后，它便一发而不可收，几天里，一下子就长成草地之王。这种植物有力地向人们诠释了何为厚积薄发。

一个荷花池，第 1 天荷花开放的很少，第 2 天开放的数量是第 1 天的两倍，之后的每一天，荷花都会以前一天两倍的数量开放。假如到第 30 天，荷花就开满了整个池塘，那么，在第 29 天时池塘中的荷花开了一半。这就是著名的荷花定律，也叫 30 天定律。很多人的一生就像池塘里的荷花，一开始用力地开，玩命地开。但渐渐的，你开始感到枯燥甚至是厌烦，你可能在第 9 天、第 19 天甚至第 29 天的时候放弃了坚持。这时往往离成功只有一步之遥。荷花定律告诉我们这样一个道理：拼到最后，拼的不是运气和聪明，而是厚积薄发的毅力。

人生也是这样,成功之路不是百米冲刺,而是一场马拉松比赛。百米冲刺的优秀者,不代表就能获得马拉松冠军,这取决于能力的积累与吸收。其实,没有什么大牛学霸,一切都只是能力厚积的薄发。

全国煤炭青年五四奖章、全国技术能手、全国青年岗位能手、第二届全国煤炭工业百名优秀青年矿工,如今姚武江早已把这些“大奖”都收入囊中,其成长速度可谓惊人。而这背后却是他扎实的基本功。他说:“每天早起,感觉时间更充足了,比别人能干更多的事儿。”在第一次维修失败后,他没有选择放弃,而是一遍遍地求教、总结。一矿机电工区党总支书记韩三彩这样评价他:“姚武江有一股钻劲儿,是不可多得的人才。这小子‘拗’得很,在井下遇到生产难题,彻底解决了才肯上井;竞赛也是这样,屡败屡战,2011 年、2013 年、2015 年、2017 年的全国煤炭行业职业技能竞赛,都有姚武江的身影。从第十名、未取得名次、第八名,直到最后夺得第一,初生牛犊不怕虎的他耐着性子,一点点积累、提升,一次次改善、精进,将不太理想的成绩,逐步‘修正’为第一。”

(三)能力如何的养成

张权说,创业是一条不归路,创业的路上并非一帆风顺,唯有坚持梦想,用永不言败的精神不断学习,提升能力,直面路上的挫折与困难,才能到达成功的彼岸。

干事创业需要激情,更离不开能力,在工作或生活当中,我们需要不断地学习各种事物或技能,而随着对同一件事物运作得更熟练,了解得更透彻,应用得更广泛,一个人的能力也跟着逐步提升。如果仔细分析山工院人在某一领域的学习成长过程,则在不同的成长阶段所反映出来的能力高低大致可以分为五个等级:不会—会—熟—精—通。

当我们接触到一件新的事物时,必定是从“不会”的阶段开始。张权在刚创办公司时,身为大二的他并没有习得更多地专业知识,也没有创办公司的经验,更不懂人际沟通,只有梦想,只有激情,但是他边学边干,知道了创办网络公司基本的方法与步骤,于是学“会”了这件事。2013 年 4 月,他在校期间创办了阳泉市日旭软件开发有限公司。“会”的标准其实不高,只要一件事情做得出来就算是“会”,但可能要花太多时间而没有效率,且做出来的质量也可能只有六十分,勉强及格。

如果这是生活中休闲娱乐方面的技能,很多事物我们经常只学到这个阶段自然也足够了;但如果是干事创业上的能力,由于企业竞争讲求的是优劣高下之分,并非及格就好。张权说,在竞争激烈的社会里,比别人差一分就居于劣势。因此,能力光是停留在“会”的阶段,显然不足以在市场中留存下来。所以,他在创办公司后,不仅坚持上课,向教师请教,还不断地去校外学习经验,并在学中找到了资源,他说学习平台很重要。阳泉市日旭软件开发有限公司 2014 年加盟厦门纳网科技股份有限公司成为阳泉地区代理合作伙伴,2016 年 6 月加盟成都西维数码科技有限公司成为合作伙伴,2016 年 9 月加盟江西伤痛科技发展股份有限公司成为授权地区代理合作伙伴,2017 年 11 月加盟深圳企动网络有限公司成为授权地区代理,2018 年 3 月公司又与北京军朗软件科技有限公司达成深度合作成为阳泉地区服务机构合作伙伴。

学“会”了一件事物之后,通过反复不断的操作练习,一段时间之后进步到可以把这件事做得很有效率、做得很好，则能够称之为“熟”。葛士杰说，在见到第一个专利后，他们开心了很久，但很快就把时间和精力全部投放在新产品的研发上，于是他们申请了第二个专利(实用新型)。这是他们研发四个多月的成果——一种自动种植的装置。在整个周期里，他们多次改了结构设计，他自己给装置加上了定时自动灌溉的功能，整个外观结构他们采用3D打印，成本初期贵点，但好在模型做了出来，这大大节省了他们的开发时间。为了达到自动灌溉的目的，他们选型了很多小水泵，然后自己制作定时电路，这下装置可以定时自动灌溉了。有了第一次的经验，他们工作更细致、认真了。他们把图纸和相关的模型参数和技术要点都总结起来，第二个专利的申请速度提高了很多，他们也就有了信心，于是还想发明一个前所未有的专利。也就是说，一个人在能力上达到“熟”的等级，代表着他能够在效率与质量这两方面同时达到一定标准的要求，对事物的运作与执行滚瓜烂熟。当一个人的能力到达这个等级时，他大抵能在既有的工作岗位上，表现得中规中矩，还算称职。

许多人在某一方面的能力达到“熟”的程度之后，很容易陷入一个盲点，即认为自己对这件事情已经熟透了，难道这还不够吗？然而，“熟”充其量也只是在依样画葫芦，只不过画得又快又好罢了，但对于事物的了解却不见得透彻，知其然而不知其所以然，一旦稍有变化，很可能就无从下手。一个人的能力若一直停留于此，数十年如一日地做着同样层级的事；也很可能因为客观环境改变，既有的能力不再有用，必须从头学习一项新的能力。葛士杰说：当发明了外观专业和实用型专利后，他们的目标就是想做一款发明专利，于是，他就和老师没日没夜地讨论。由于创业初期资金不够，葛士杰几乎包揽了整个设计——机械结构设计，电子电路设计和控制程序的设计开发，边做边学，因为他知道，没有资本更多的就是不断地剥削自己，让自己变得多才多能。

“熟”往上的一个等级是“精”，在工作上，唯有达到这个等级的能力，才有资格在竞争当中立于不败之地。提升到“精”要有一个先决条件，即要对所从事的工作能够有深度的了解。而一个人唯有具备独立思考的习惯，并且习惯性地运用系统性的思考与结构性的分析才有可能对于事物产生彻底而深度的了解。经由对事物深度的了解，一个人便能够主动、独立地改善事物，具有这样的能力才可称之为“精”。因此，一个人要从“熟”提升到“精”，最重要的一点便是，不仅要知道如何做，还要进一步了解为什么要这样做，以及掌握每一个运作背后的道理与根源所在，如此才有可能找出当中不够完善之处，加以改善；遇到变化的时候，也能够知道如何因应。葛士杰现在专注于做3D食品打印机这个项目，这个项目本身是一个比较大的课题，但是逐步克服下来了，围绕这个项目所产生的专利就多达5项，并且所有的经验都为我们之后的路打下了坚实的基础。

从“精”到“通”，则是一个较为漫长、难度较高的过程。就工作上而言，一个人的能力要提升到“通”的等级，必须在同一个领域中，经历过两种类型以上的事物，在“精”于不同类型的事物之后，比较分析不同类型之间的差异，加以去异求同，而在面对此行业内的其他新事物时，便能够驾轻就熟。一个人的能力提升至此，可称之为“通”，也就是融会贯通的意思。

当然，学习的脚步并非就此停止。在学习成长的过程中，对于一件事物从“不会”到“会”，再到“熟”，进而提升到“精”，到“通”，是一个持续不断的学习过程，即使一个人已经成为某一个领域的专家，也还有更大、更多的领域等着去学习，没有尽头。而每一次等级的提升，都有更多不同的条件必须具备，而非随着时间的进展就能自然地升级；而且，越往高的等级，其升级所需的学习过程也越为漫长。因此，一个人的能力可以提升到哪一个等级？是否会在中途便停止？应端视此人是否清楚认知到此能力提升的过程与所需条件，以及是否有足够的动力与耐心去学习。在葛士杰说到想做一个发明时这样说，他进行了第六次试制，要知道，从设计出图到工厂加工零件再到装配这个过程很是漫长的。而且这个过程必须毫无差错，细心再细心，一旦出问题，不光是产品报废，更是白白消耗了很多的时间工期。但他们的耐心早就磨炼得好了，只要有希望，他们愿意等。现在他也组建了自己的团队，自己也轻松了许多。

三、用能力担起责任，发出时代最强音

葛士杰说以前他就是想围绕自己所学的专业申请专利，一是能巩固他的专业知识，兼顾学业，二是能减小竞争。而现在的他拥有了一种爱世的情怀，希望能为山西产业转型贡献一份自己的力量，希望家乡变好、国家发达、民族兴旺。

激情让山工院学子们不忘初心，努力追梦，提升能力，勇敢定义更新世界；而能力激励着山工院人肩负使命，甘于奉献，到社会需要的地方去，选择书写中国青年的担当。

2005 年山工院青年志愿者协会成立，本着服务同学、服务社会、弘扬社会志愿者精神，成员们秉着奉献、友爱、互助、进步的精神理念，无私地将爱心献给需要帮助的人，所到之处充满了阳光和温暖。在校内校外开展了一系列公益活动，先后组织过寒暑假三下乡活动，去过小河古村义务植树，到过小西庄义务支教，组织大规模的献血活动，探访老人院，协助过附近各大社区举办的活动，受到了社会各界的好评。然而，这样的义务已经

成为山工院的品牌活动，不一样的是青年志愿者协会信息化的操作和有序的组织。十几年来，山工院培养了一批又一批的山工院公益人，他们用爱和责任，温暖每一个需要帮助的人。

2008 年 5 月 12 日，一场地震撕裂了所有中国人的心。山工院人反应迅速，紧急组织心理辅导小分队，不顾地震的余威，前往汶川洛水镇。经过半个月的高强度工作，走家串户，日行几十公里，承受着心理、身体的双向煎熬，山工院人先后为大约 100 人进行过心理危机干预，使经过地震的人们重新回到社会，而这就是山工院人的影响力。

2017 年，随着一声长鸣的汽笛，主动选择休学参军的 46 个山工院人开启了军旅生涯，这一去，就是两年。中部战区陆军、辽宁武警 117 师、北京战略支援部队、江西火箭军、湖北空降、武警新疆总队、二十一集团军、森林武警等，这些耳熟能详的地方，都有他们的身影。而这样的事情早已成为山工院的常态。大学生为什么去当兵？或许他们每个人都有不同的答案，但相同的是心中的那份责任。如今，他们中有的立过二等功，有的身份已经是山工退伍老兵，握过枪的手握起笔更有力，经得起急行军考验的双腿在操场奔跑，百步穿杨的目光如鹰如电，投向山工院的讲堂。他们仍不会忘记对祖国的誓言，与祖国同命运。他们毅然从军入伍，报效祖国；他们立足校园，服务社会。这是山工院人的担当。

自信自强的山工院人，追求卓越，用行动发出时代最强音。2017 年，山工院十九大宣讲团成立了，27 位教师走进基层党支部、中学、社区、企业、政府，将“十九大精神”“两学一做”“一带一路”带到，把发自内心的声音和力量带给更多人。

2017 年，山工院人的第一部话剧作品《桃河畔上的珂梅》，用艺术表演引导青少年积极培育和践行社会主义核心价值观，传承中华优秀传统文化。它展示了学校风采及山西的美好形象，并在山西省高校戏剧季大赛中荣获三等奖。获奖的背后，是日复一日的苦练。在历经 9 个月的排演时间内，以社科系罗达同学创作的剧本作为重点剧本进行编排形成了完整的话剧作品，为使话剧社同学们与剧本创作者思想高度统一，准确把握主人公的思想和情感，每位参与话剧的同学和教师在繁重的课业任务下，每周拿出至少 12 个小时斟酌台词和排演，最终将将红色故事赋予了艺术的生命。整个剧本演绎得生动流

畅、感情充沛，惊艳了所有人。

山工院的故事远远不止于此。我们每个人都在追逐自己的梦想，无论你专心于学术，热衷于体育文艺，还是积极参与志愿公益，又或者为了祖国发展、人类文明的进步奉献青春，只要坚持在自己选择的路上走下去，站在背后的学校都会为你而喝彩。山工院人所创造的每一个故事，构成了山工院的今天；每一位山工院人，都是年度人物。

这是一个快速变化的时代，无数事件正在发生，而在校园里的我们虽然无法时时置身其中，却不应此感到失落。在山工院里，我们看到了中国青年激情与勇气、能力与责任，看到了肩负使命追求卓越的山工人已经准备好。所以，请你也走进自己的镜头，去诉说自己的大学。

清代大才子袁枚的《苔》这样写道：“白日不到处，青春恰自来。苔花如米小，也学牡丹开。”苔藓终日生活在潮湿阴暗的地方，就算根本没有阳光，也要拥有属于自己的一片绿色；苔花如米粒般渺小，但它却要像花中之王牡丹那样盛放。即使我们在世人眼中卑微得不值一提，我们依然要凭着自己的力量，活出一株牡丹的尊贵，活出生命的骄傲，这就是山工院精神！

第四章

工匠精神
转型发展，促成飞跃

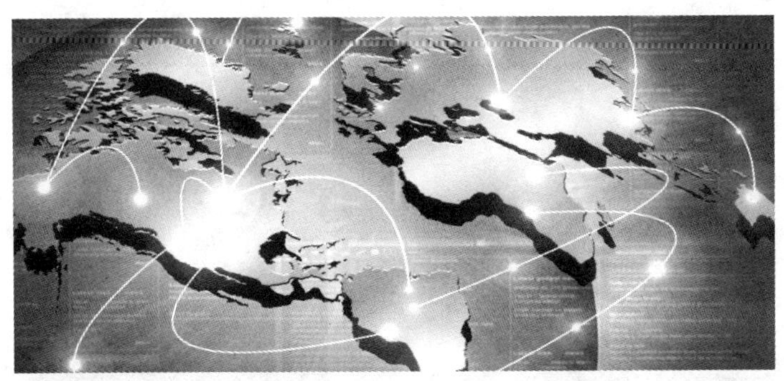

DAXUESHENG
SUZHI JIAOYU
DUBEN

第一节　三晋大地　人杰地灵

山西，因居太行山之西而得名，省会为太原市。春秋时期，山西省的大部分地区为晋国所有，所以简称“晋”；战国初期，韩、赵、魏三家分晋，因而又称“三晋”。山西“东依太行山，西、南依吕梁山、黄河，北依古长城，与河北、河南、陕西、内蒙古等省区为界”，柳宗元称之为“表里山河”。

山西历史悠久，历史上著名的尧帝、舜帝、禹帝时期都在山西境内建都，因而山西被誉为华夏民族的摇篮。因此，又有这样一句话：“一千年文化看北京，三千年文化看陕西，五千年文化看山西。”

山西，一直以来蕴含着丰富的人文宝藏，保留了大量的历史遗迹。悠久的历史、独特的自然风光以及深厚的人文底蕴，使山西文化在悠久的中国五千年的文化传承中描下了浓墨重彩的一笔。

山西是中华民族发祥地之一，有文字记载的历史达三千年，被誉为“华夏文明的摇篮”，素有“中国古代文化博物馆”之称。山西总面积 15.67 万平方千米，东有太行山，西有吕梁山，山区面积约占全省总面积的 80%以上。

一、建制沿革

“女娲补天”的传说发生在山西，中华民族的始祖黄帝、炎帝都曾把山西作为活动的主要地区。西侯度文化和丁村文化遗址表明，在旧石器时代山西已有了人类繁衍生息。

尧、舜、禹都曾在山西境内建都立业。中国历史上第一个奴隶制国家政权夏朝建立在晋南。

商代，山西是商的主要统治区。周代，晋国由山西境内崛兴。晋文公曾为春秋五霸之一。

秦、汉、魏、晋时期，山西在政治、军事、经济、文化等各个方面，都起着举足轻重的作用。

南北朝时期，山西是北朝统治的中心地带，北魏曾以平城（今大同）为都，东魏、北齐曾以晋阳（今太原）为别都、陪都。

唐太宗李世民起兵太原，建立了大唐王朝，由此，山西被唐太宗认为是龙兴之地，封太原为唐王朝的北都、北京。

宋朝时期，山西是中国北方的主要发达地区。元代，全国共 11 个行省，山西与山东、河北，并称为元朝腹地，大同、平阳（今临汾）、太原三城则成为黄河流域的著名都会。

明代时，山西行中书省设于太原，后改为承宣布政使司，统管山西五府三州。清代，山西的称谓才开始。

进入半殖民地半封建社会以后，山西的经济、文化发展受到严重的破坏。

山西作为革命老区，在1921年，中国早期的马克思主义者高君宇在太原组建社会主义青年团，开展革命活动。红军长征到达陕北后，毛泽东率领红军主力渡河东征，在晋西、晋中、晋南各地遍撒革命火种。

抗战爆发后，八路军三大主力挺进山西，创立了敌后抗日根据地。十四年抗战中，山西是全国抗战的重要战略支点，山西地方党组织培养了15万名共产党员，根据地向八路军输送了60万热血青年。

解放战争期间，山西成为支援全国解放的战略基地，广大民众积极支援前线，大批地方干部南下、东进或西进，奔赴新区。

1949年4月，山西全省解放。同年9月，成立了山西省人民政府。

二、好山、好水、好人

（一）好山——山色不同、神态各异

山西多名山，是全国唯一拥有五岳、五镇和四大佛教名山的省份。山西最著名的山川有五岳之一的北岳恒山，四大佛教名山之首的五台山，道教名山北武当山、绵山，国家级风景名胜区五老峰，全国十佳自然保护区之一的芦芽山，五镇之一的中镇霍山，保存有华北面积最大的原始森林的历山，拥有奇绝险峻的太行山大峡谷、王莽岭、黄崖洞的太行山脉，另有灵空山、石膏山、仙堂山、管涔山、庞泉沟等。这些山川分别因险峻、幽雅、秀美而知名，有的可游览观赏，有的可避酷暑，有的可访古寻幽，有的可供瞻仰。

五台山位于山西省东北部五台县境内，因五峰如五根擎天大柱，拔地崛起，峰顶平坦如台，故名五台。五台山由古老结晶岩组成，北部切割深峻，五峰耸立：东台望海峰、西台挂月峰、南台锦绣峰、北台叶斗峰、中台翠岩峰。五台山是中国佛教建筑最早地方之一，目前台内外尚有寺庙47座。其中，佛光寺和南禅寺是中国现存最早的两座木结构建筑，显通寺、塔院寺、菩萨顶、殊像寺、罗睺寺被列为“五台山五大禅处”。

位于山西大同市浑源县城南的恒山，人称“北岳”，与东岳泰山、西岳华山、南岳衡山、中岳嵩山并称为五岳。恒山作为道教活动场所由来已久，其中最著名的有恒山脚下的悬空寺和天峰岭南坡半山腰上的北岳庙。悬空寺位于恒山金龙峡西侧翠屏峰的峭壁间，素有“悬空寺，半天高，三根马尾空中吊”的俚语，以如临深渊的险峻而著称。悬空寺的六座主殿阁之间用木制楼梯连接，由于悬空寺整体建筑物是由非常高超的木匠技巧完成的，如发生地震，卯榫虽会剧烈移动但是会保证整体建筑物的完整性，因此其建筑强度是非常高的。

（二）好水——清泉湖泊、风姿绰约

山西水资源缺乏，但天然湖泊遍布全省各地，历年来又建造了多处水库、人工湖泊，好似颗颗明珠镶嵌在三晋大地上。山西的好水首数黄河，它是山西、陕西两省的天然分界线，流经山西19个县，流程965公里，先后汇入18条较大的支流和上千条溪流，晋陕黄

河峡谷两岸秀峰林立、形态万千，风陵渡一带的黄河宽达数十里，为黄河最宽处。

山西泉源数以万计，分冷泉、温泉和矿泉三种。较大的冷泉有朔州神头泉、五台般若泉、太原难老泉、清徐平泉、洪洞霍泉、临汾龙子祠泉等，温泉有浑源汤头泉、忻州奇村泉、原平大营泉、定襄温泉、盂县温泉、夏县温泉、新绛温泉等。除此之外，山西境内名气较大的瀑布有壶口瀑布、娘子关瀑布、王官谷瀑布、蟒河瀑布。壶口瀑布以壮阔著称，娘子关瀑布以秀美闻名。激流险滩在黄河中游多处可见，如壶口以下的龙槽激流、龙门"三激浪"，让人感到雄伟壮观。

（三）好人——名人辈出、底蕴深厚

三晋大地，人杰地灵，两千多年来，在这块古老的土地上涌现出了一批又一批著名的人物。他们之中，有著名的君主晋文公，我国唯一的女皇帝武则天，杰出的唯物主义思想家荀况，著名的政治家蔺相如、狄仁杰、毕士安、田呈瑞、杨深秀，著名的军事家和将领廉颇、卫青、霍去病、关羽、薛仁贵、杨业，著名的文学家、艺术家和学者王勃、王之涣、王维、王昌龄、柳宗元、白居易、司马光、米芾、白朴、关汉卿、郑光祖、罗贯中、傅山、阎若璩，地图学家裴秀，开国将领徐向前、赵尔陆、董其武，著名作家赵树理、柴勇、石评梅，劳动模范李顺达、郭凤莲、陈永贵，等等。他们像历史长河中灿烂的群星，放射出耀眼的光芒，给当时的社会以积极的影响，给后人留下了宝贵的遗产。

1. 乱世哲人——荀子

荀况，即荀子，号卿，战国时赵国（今山西安泽一带）人。他是战国末期儒家学派中的大师，是我国古代杰出的唯物主义思想家、教育家，李斯、韩非都是他的学生。荀子是新兴地主阶级的思想家。他的学问渊博，在继承前期儒家学说的基础上，又吸收了各家的长处加以综合、改造，建立起自己的思想体系，发展了古代唯物主义传统。现存的《荀子》32 篇，大部分是荀子自己的著作，涉及哲学、逻辑、政治、道德等方面的内容。在自然观方面，他反对信仰天命、鬼神，肯定自然规律是不以人的意志而转移的，并提出人定胜天的思想；在人性问题上，他提出"性恶论"，否认天赋的道德观念，强调后天环境和教育对人的影响；在政治思想上，他坚持儒家的礼治原则，同时重视人的物质需求，主张发展经济和礼治、法治相结合；在认识论上，他承认人的思维能反映现实。

2. 三晋良将——关羽

关羽，字云长，本字长生，生活于东汉三国时代，祖籍是河东解县宝池里下冯村（今山西省运城市常平乡）。在中国，文有孔子，武有关公，一文一武，两圣相映，构成了中华民族传统文化的主体。所不同的是，孔子的形象只有一个，而呈现在我们面前的关羽形象却不止一个，而是三个，准确说是三个的合一，也就是三位一体的文化偶像。作为历史人物，关羽是三国时蜀汉的五虎上将之首，南征北战，忠义仁智，威震华夏；作为文学艺术典型，他更是集中国传统美德之大成，成为无瑕疵的完美超人；作为一位被世俗尊奉的神，他被迷信为降妖护国、平寇破贼、除瘟攘灾、助人发财等的全能华夏之神。凝聚在关羽身上而为万世共仰的忠、义、信、智、仁、勇，蕴涵着中国传统文化的伦理、道德、理想，渗透着

儒学的春秋精义，是释教、道教教义所趋同的人生价值观念，实质上就是彪炳日月、大气浩然的华夏魂。

3. 政治强人——狄仁杰

如果你来到省城太原，不妨到唐槐公园走走，看看一代宰相狄仁杰的丰功伟绩。狄仁杰，字怀英，唐代并州（今山西太原）人，武则天时期的宰相，杰出的封建政治家。唐高宗仪凤年间，狄仁杰升任大理丞，他刚正廉明、执法不阿、兢兢业业，一年中判决了大量的积压案件，涉及1.7万人，且无冤诉者，一时名声大振，成为朝野推崇备至的断案如神、摘奸除恶的大法官。纵观狄仁杰的一生，可以说是宦海浮沉。作为一个封建统治阶级中杰出的政治家，狄仁杰每任一职，都心系民生、政绩卓著。在他身居宰相之位后，辅国安邦，对武则天弊政多所匡正。狄仁杰在上承贞观之治、下启开元之治的武则天时代，做出了卓越的贡献。

4. 大文学家——王维

王维，字摩诘，祖籍祁县，是盛唐诗坛上极负盛名的诗人，因官至尚书右丞，所以人称王右丞。作为一个诗人，王维擅长各种诗体，尤以五言律诗和绝句著称。前期诗歌富于进取精神，讥刺贵戚宦官，谴责纨绔子弟，反映边塞生活，抒写游侠意气，情调慷慨激昂，充满浪漫主义豪情；后期诗歌因世途险恶、崇奉佛教，而以描写田园山水景物，表达闲情逸致，宣扬隐士生活和佛教禅理为主。他的山水田园诗，作物精细，状写传神，色彩鲜明如画，又语言清新凝练、含蓄生动。《山居秋暝》用细腻的笔触，勾画月照、泉流、竹喧、莲动等许多富有特征性的事物，献给读者一幅清新秀丽、优美和谐的秋雨之后的山色图。

5. 涑水先生——司马光

历史的车轮又回到北宋年间，司马光生于北宋真宗天禧三年，字君实，号迂叟，是北宋陕州夏县涑水乡（今山西夏县）人，世称涑水先生。司马光是进士出身，历任馆阁校勘、同知礼院、天章阁待制兼侍讲、知谏院、御史中丞、翰林院学士兼侍读等职。他为人温良谦恭、刚正不阿，做事用功刻苦、勤奋，以“日力不足，继之以夜”自诩，其人格堪称儒学教化的典范，历来受人景仰。他编写了《资治通鉴》，不仅为统治者提供“资治”的借鉴，也给全社会提供了借鉴。

6. 党的好儿女——刘胡兰

革命烈士刘胡兰，原名刘富兰，1932年10月8日出生于山西省文水县的一个中农家庭。刘胡兰10岁参加儿童团，不到14岁便入党，当上了区的妇女干事，牺牲时尚未满15周岁。毛泽东在指挥全国战局之余，为刘胡兰题词：“生的伟大，死的光荣！”刘胡兰是已知的中国共产党女烈士中年龄最小的一个，她凭着对人民的感情和对共产主义理想的坚定信念，在铡刀面前坚贞不屈，视死如归。这种表现，恰恰是共产党的革命教育深入千千万万人民心中的结果。

7. “山药蛋派”的开创者——赵树理

著名小说家赵树理，沁水县尉迟村人，现代著名小说作家。早在抗日战争时期，他就致力于革命文艺的通俗化、大众化工作，写出了许多反映农村社会生活、深受广大群众欢迎的小说，如《小二黑结婚》《李有才板话》《李家庄的变迁》《福贵》等。赵树理是我国真正熟悉农村、热爱人民的少有的杰出作家之一，他的作品真实地再现了我国农村几十年来的巨大变革，而且具有独特的民族形式和民族风格，在弘扬我国优秀民族文艺的传统、促进革命文艺的大众化方面，做出了富有成果的贡献。新中国成立以后，赵树理继续深入农村生活，耕笔不辍，驰骋于中国文坛，又著短篇小说《锻炼锻炼》、长篇评书《灵泉洞》(上集)，以及《实干家潘永福》、长篇小说《三里湾》等。

8. 铁姑娘——郭凤莲

郭凤莲，女，昔阳县大寨镇大寨村人。作为大寨的当家人、大寨的灵魂，郭凤莲有着坚强的党性原则、牢固的为人民服务的意识和开阔的视野。她参加工作以来，始终同党中央保持高度一致，无论是在学大寨时期的过去，还是在改革开放的今天，都以一个普通劳动者的姿态投身于社会主义建设，没有因职务的升迁而丢失劳动者的本色，也没有因环境的变化而丢掉全心全意为人民服务的宗旨，在她工作和战斗过的地方，留下了求真务实的美好形象，留下了有口皆碑的工作业绩，因而也多次受到党和政府的表彰，并获得一次次殊荣。郭凤莲先后获得全国劳动模范、全国优秀女企业家、“以企带村，建设社会主义新农村”优秀企业家、抗震救灾优秀共产党员、中国十大女杰等荣誉称号，并荣获全国绿化委员会全国绿化奖章。尽管郭凤莲在人生的旅途上一串串荣誉纷至沓来，尽管郭凤莲已由一名普通的劳动者成长为享誉国内外的名人，但她没有居功自傲，没有故步自封，而是始终走在时代的前列，勇敢去搏击改革开放的潮头。

9. 百度创始人——李彦宏

李彦宏，百度公司创始人、董事长兼首席执行官，全面负责百度公司的战略规划和运营管理，兼任全国政协委员、全国工商联副主席、中国互联网协会副理事长、北京市科学技术协会副主席、武汉大学客座教授、中国科学技术大学客座教授、南开大学兼职教授、联合国艾滋病规划署全球委员及爱佑慈善基金会理事会理事、联合国世界环境日环保公益大使。

1968 年 11 月 17 日，李彦宏出生在山西省阳泉市，1991 年毕业于北京大学信息管理专业，随后赴美国布法罗纽约州立大学完成计算机科学硕士学位。在美国的 8 年间，李彦宏先生先后担任了道琼斯公司高级顾问、《华尔街日报》网络版实时金融信息系统设计者，以及国际知名互联网企业的 infoseek 资深工程师，是新一代互联网技术领域的权威专家。他为道琼斯公司设计的实时金融系统，迄今仍被广泛地应用于华尔街各大公司的网站，其中包括《华尔街日报》的网络版。他最先创建了 ESP 技术，并将它成功地应用于 infoseek/go. com 的搜索引擎中。go. com 的图像搜索引擎是他的另一项极其具有应用价值的技术创新。

2005 年 8 月 5 日，李彦宏创建的百度在美国纳斯达克上市，首日挂牌，以破天荒的高达 354%的涨幅创造了美国股市 213 年以来外国公司首日涨幅的最高记录。2018 年 3 月，福布斯官方发布了 2018 年全球亿万富豪榜，李彦宏以 120 亿美元排名第 124 位。

10. 科幻作家——刘慈欣

刘慈欣，男，汉族，1963 年 6 月出生，1985 年 10 月参加工作，山西阳泉人，本科学历，高级工程师，科幻作家，中国作协会员，山西省作协会员，阳泉市作协副主席，中国科幻小说代表作家之一。

刘慈欣的主要作品包括 7 部长篇小说、9 部作品集、16 篇中篇小说、18 篇短篇小说，以及部分评论文章。其代表作有长篇小说《超新星纪元》、《球状闪电》、《三体》三部曲等，中短篇小说《流浪地球》《乡村教师》《朝闻道》《全频带阻塞干扰》等。其中《三体》三部曲被普遍认为是中国科幻文学的里程碑之作，将中国科幻推上了世界的高度。

2014 年 11 月，刘慈欣出任电影《三体》的监制。2015 年 8 月 23 日，他凭借科幻小说《三体》获第 73 届雨果奖最佳长篇故事奖，这是亚洲人首次获得雨果奖。同年 10 月 18 日，他凭借《三体》获第 6 届全球华语科幻文学最高成就奖，并被授予特级华语科幻星云勋章，该等级勋章只有获得国际最高科幻奖项雨果奖和星云奖的作家才有资格获取。2016 年 3 月，刘慈欣当选山西省作协副主席。同月，他以 1 000 万元版税收入位列第 10 届作家榜第 11 位。2017 年 6 月 25 日，他凭借《三体 3：死神永生》获得轨迹奖最佳长篇科幻小说奖。

三、山西的商业文化

山西，这方地处黄河中游的沃土，物华天宝、人杰地灵。从古至今，山西在政治、经济、军事、文化等各个领域一直在全国占有着举足轻重的地位，可以说：中国的历史有多么悠久，三晋文明的渊源就有多么深远；太行吕梁的黄土有多么厚实，三晋文化的蕴涵就有多么深邃。

山西是华夏文明起源的中心区域之一，史书中最早出现的“中国”一词指的就是上古虞舜时代的山西南部。在中国本土发生的文明中，从尧舜禹到夏商周，山西地区的文化传承从未间断。自古以来，山西就是中原华夏族与北方各民族文化交汇的天然通道，是中原农耕经济与北方游牧经济冲撞对接的前沿阵地。上古时期，中原各国的经济和军事实力不断增强，这使得北方各民族逐渐融合于华夏族，接受了较为先进的华夏文化。到春秋后期双方的界限几近消失，在明清时期的五个多世纪里，山西商人从盐业起步，发展到棉、布、粮、油、茶、药材、皮毛、金融等各个行业，并把商贸活动由故里扩展到全国各地，甚至远及今天的蒙古国、俄罗斯、朝鲜、日本等国。晋商的魄力之大、足迹之远、财富之巨，让世人认同了“无西不成商”的历史事实。山西地区的历史演进，联系、贯通了上下五千年的华夏文明，留下的 3.5 万处文物古迹、国保单位 119 处，居全国第一。因此，山西最有资格成为世人了解和欣赏华夏文明的“主题公园”。

山西的历史创造了极大辉煌成就的一群人——晋商。通常意义的晋商是指明清 500 年间的山西商人，晋商经营盐业、票号等商业，尤其以票号最为出名。晋商也为中国留下了丰富的建筑遗产，如著名的乔家大院、常家庄园、李家大院、王家大院、渠家大院、曹家三多堂等。八国联军向中国索要赔款时，慈禧太后掌权的清政府就向晋商的乔家借钱还国债。晋商的经济实力，可以从这件事情反映出来。

旧时曾有人说："凡是有麻雀的地方，就有山西商人。"他们的足迹遍布大江南北，他们在商界以群体的形式活跃5个多世纪，经营范围十分广泛，上至绸缎，下至葱蒜，他们在清初即创建了中国最早的银行——钱庄，执中国金融界之牛耳。

山西晋商有着官商的特点，而皇商盛行也是在那一时期、那一地区得以发展起来的。山西离北京地理位置很近，当时进关、出关都很方便，茶、私、盐、粮有着得天独厚的交易便利，也就是当时在山西得以实现便利的"物流"。山西商人也很有特点，就算再有钱、再惊天动地，他们也是这块泥土地上的人，他们诚信待人，有很多纯朴的特色。晋商成功的根本在于儒商精神，儒商精神的根本在"诚信"二字。

晋商具有三大精神，包括进取精神、敬业精神、群体精神，我们可以把它们归之为"晋商精神"。这种精神也贯穿到晋商的经营意识、组织管理和心智素养之中，可谓晋商之魂。

1. 进取精神

所谓"天下熙熙皆为利来，天下攘攘皆为利往。夫千乘之王、万家之侯、百室之君，尚犹患贫，而况匹夫编户之民乎"。由利益而起动的进取精神，是明清山西商人鏖战于商场的精神动力。晋商是把经商作为大事业来看，他们通过经商来实现其创家立业、兴宗耀祖的抱负，而正是这种观念使其在商业上不断进刻苦，为事业尽心尽力。

2. 敬业精神

晋商的敬业精神，也是常为人所称道的。敬，原是儒家哲学的一个基本范畴，孔子就主张人在一生中始终要勤奋、刻苦，为事业尽心尽力。他说过"执事敬""事思敬""修己以敬"等语。北宋程颐更进一步说："所谓敬者，主之一谓敬；所谓一者，无适（心不外向）之谓一。"可见，敬是指一种思想专一、不涣散的精神状态，敬业是中华民族的传统美德。

3. 群体精神

山西商人在经营活动中很重视发挥群体力量。他们用宗法社会的乡里之谊彼此团结在一起，用会馆的维系和精神上崇奉关圣的方式，增强相互间的了解，通过讲义气、讲相与、讲帮靠，协调商号间的关系，消除人际间的不和，形成大大小小的商帮群体。山西商人的这种商帮群体精神，首先来源于家族间的孝悌和睦。其次，群体精神是经商活动中业务扩大与商业竞争的需要。随着山西商人活动区域和业务范围的扩大，商业竞争也愈来愈激烈，于是山西商人从家族到乡人间，逐渐形成同舟共济的群体。

晋商通过商业贸易和金融活动，对明清时期中国经济、政治、文化的发展均产生过一定的影响，对中国建筑文化有独特贡献。晋商大院遍及山西全省，其中以晋中的太谷、平遥、祁县、介休、榆次，晋北的保德、大同、浑源，晋东南的沁水、阳城和晋南的临汾、襄汾等县市更为集中。现存的晋商大院以其宏大、厚重、古朴、多样的特色，展现了明清时期中国北方民居建筑的特别风采。山西现存的晋商老宅院，规模大、建筑精、品位高，占地动辄几十亩(1 亩=666.67 平方米)、上百亩，屋室少则几十间，多则上千间，结构多为窑洞和楼房的结合体，院子多以长方形为特征，高墙深院、美屋峻宇、亭台楼阁、廊厦榭栏，折射出中国民居建筑文化的魅力所在。这些建筑物有助于我们了解和深化对明清中国政治、经济、文化艺术、科学技术等方面的认识。

四、新中国成立后山西的贡献

山西省作为中国重要的资源和能源基地，长期以来为国家的能源安全、经济发展做出了巨大的贡献。山西矿产资源丰富，已发现矿种 120 种，其中查明资源储量的有 70 种，保有资源储量居全中国前十位的有 36 种。具有资源优势的矿产有煤、煤层气、铝土矿、铁矿、铜矿、金红石、白云岩、耐火黏土、灰岩、芒硝、石膏、硫铁矿等 13 种。此外，锰、银、金、石墨、膨润土、高岭岩、石英岩(优质硅石)、含钾岩石、花岗岩、沸石等 10 种矿产资源储量也较丰富。

山西是我国最重要的煤炭基地，也是新中国成立以来重要的能源重化工基地。60多年来，山西煤炭除少部分满足本省需要外，大部分供应全国26个省、市、区，还远销亚洲、欧洲和拉丁美洲20多个国家和地区。从1949年到2014年，全省累计开采原煤150亿吨，外调煤炭近百亿吨，占全国各产煤省总调出量的3/4，加上外调洗精煤、焦炭、电力，山西供应全国其他地区的能源总量占全省总产的85%以上，山西煤炭的60%以上供给经济较发达的京、津、沪、华北、东北地区。从华北、华东到华中、华南，每3盏灯，就有1盏是山西煤炭工人“点燃”。源源不断的山西能源输出祖国四面八方，点燃光明，驱走黑暗，使马达轰鸣，让机器欢唱，有力地撬动了新中国工业化进程，被称为“支撑共和国发展的脊梁”，其历史功绩“不仅要写在中国煤炭工业的历史上，而且要写在中国工业和经济的历史上，还要写在共和国的历史上”。

三晋大地，人杰地灵。在中国政治、经济、军事、文化、社会发展的每一个进程中，都有山西的声音，都有山西的脚步，都有山西的影响、作用和贡献。历史上的山西洋溢着无穷的活力，充满了巨大的创造性，是今天的山西和山西人奋发向上的重要历史底蕴和基石。我们既不应过多、过度地沉醉于历史的辉煌，也不应背上沉重的历史包袱。继承山西的优秀历史文化传统，总结山西推动历史发展的经验，弘扬禀赋独特的山西精神，为开创山西的美好未来、促进山西的经济社会发展提供源源不断的动力支撑，是我们回顾历史、照察今天、展望未来应持的正确态度。山西既有昨日之辉煌，亦必有明天之灿烂！

五、当代山西阳泉的杰出人才

（一）古茶文化的挖掘人张怀军

“昔日皇室贡品，如今百姓茶饮。”延年翘牌冠山连翘茶以其独特的炒制工艺，将传统文化与科技创新完美结合。张怀军就是这一技艺的挖掘者，他呕心沥血研究古茶技艺，传承古茶文化，使得平定传统名茶延年翘牌连翘茶在尘封百年后再度飘香。

从记事起，张怀军就经常听父辈们说起连翘茶的历史，据说产自平定县的连翘茶在历史上深得清朝康熙、乾隆的喜欢。但是由于其生长在悬崖峭壁之上，采茶人常常失足摔下山崖，于是乾隆立即废除平定县的连翘贡茶，成就了一段乾隆体恤子民而戒茶的佳话，也使得连翘茶的制作技艺大多失传。说者无心，听者有意，挖掘、传承连翘古茶文化的心思一直萦绕着他。2011年3月，经营杂粮生意16年小有积累的张怀军决心圆这个梦。

张怀军一方面拜访冠山地区的民间连翘茶制作艺人，研究当地悠久的采茶、制茶工艺；一方面前往福建武夷山向制茶大师学艺，在多次软磨硬泡后终于感动了师傅，得到了大师的真传。

“千载冠山融古韵，百年老翘吐新芽。”在经历一次次的学习、研究和试验之后，张怀军与科研人员终于使失传百年的连翘古茶制作工艺得以重生。张怀军筹建研习所，在挖掘传统工艺的基础上注入科技含量，开拓项目的研发，包括制茶的设备。在现在的11个设备中有3个是张怀军自行研制的,并申请了专利。未来,张怀军将继续与山西大学、山西中医药大学等高校加强联系,加大研发力度。张怀军说,不仅要让本地人把消费连翘古茶当成日常习惯,他还要将流传百年的冠山连翘茶打造成为享誉中外的北方名茶。

伴随着冠山连翘茶事业的出彩,山西冠霖农业科技有限公司和其领头人张怀军赢得了人生的精彩。山西冠霖农业科技有限公司先后荣获阳泉市农产品加工龙头企业先进单位、山西省农业产业化省级重点龙头企业等称号。张怀军被评为全国农村青年创业致富带头人、阳泉市劳动模范、阳泉市十大杰出青年称号。

(二)匠心酿造人刘润昌

数十年来,作为酱醋酿造人的刘润昌在秉承传统制作工艺的同时,守正出新提升了酿造的科技含量,丰富了酱醋家族的品种,赋予了酱醋时间的味道、自然的味道和匠心的味道。

1979年12月,从北京卫戍区复原的汽车兵刘润昌被分配到阳泉市食品厂酱油车间,从事翻料工作。从人人羡慕的汽车兵到乏味累人的翻料工,刘润昌一时难以适应。

而就在此时,厂里组织青工进行酱醋酿造技术培训,他也成为其中的一名学员。参加培训之初,他抱着应付交差的态度上课,但后来却渐渐地被老师讲解、演示的奇妙酿造工艺所吸引,对酿造工艺越来越感兴趣,也对酿造工作有了新的认识。

在之后的工作中,刘润昌不再是翻完料了事,而是一有机会就缠着酿造师傅们问东问西,全身心地沉浸在对酿造工艺的学习和钻研当中。1982年9月,阳泉食品总厂有限公司的领导选派他参加在山东济南举办的全国工艺酿造培训班。在2个多月的时间里,他系统地学习了酱油、醋、酱的原材料处理、生物制菌、工业布局等酿造工艺,光学习笔记就记了满满3大本。

学成归来,刘润昌开始独当一面。他在酱油酿造过程中创新地推行原料先榨油再酿造工艺,改进了蒸料等环节流程的工艺,在增加榨油收入的同时,使得酱油的出品率和成品风味得到了显著提升。2年后,他被职工推举为阳泉市食品厂酿造一厂厂长。之后,他又牵头组织对球形罐、发酵池等设备设施进行技术改进,使得生产过程中的发酵更到位,灭菌变性更彻底,降温更容易,进一步提升了产品的产量。

酿造良心酱醋是刘润昌始终坚守的底线。在担任阳泉市食品厂酿造一厂厂长期间,一次,刘润昌发现一批原料有一项指标没有达标,就进行了退货处理,供料方认为问题不大,多方托人找关系想要他通融一下。没想到,平时脾气挺好的刘润昌大发雷霆,还拍桌子骂人了。最后,供料商主动运走了不合格的原料,并在往后的供料中再也没有出现原料不合格的情况。

2012年,退休后的刘润昌被阳泉市裕盛源农产品开发有限公司聘为技术总工程师。在新的岗位上,他一如既往地坚持传统酿造工艺,酿造良心酱醋。

对于传统酿造理念,阳泉市裕盛源农产品开发有限公司总经理赵虎充分认同。2015年,阳泉市裕盛源农产品开发有限公司凭着科学的酿造工艺和过硬的产品质量,一次性通过了食醋、酱油、酱三个单元的生产许可审批。2015年,刘润昌牵头开展的阳泉市裕盛源农产品开发有限公司重点科研项目——具有增加免疫力、对化学性肝损伤有辅助保护功能的裕盛源牌绞股蓝保健醋口服液，获得国家食品药品监督管理总局审查通过，取得了阳泉市首张《国产保健食品批准证书》，进入项目建设阶段。目前，阳泉市裕盛源农产品开发有限公司已是阳泉市的京晋合作科普示范基地和山西省的“513”工程省级重点龙头企业。

（三）仁心仁术为患者的乔海红

健康所系，性命相托！从医多年来，阳煤集团总医院神经外科副主任医师乔海红敬畏生命，丝毫不敢懈怠职责。他苦修医术，坚持学习，博采众长、精益求精，努力提高医疗质量水平；他善待病人，时刻满怀热心和爱心，努力营造和谐的医患关系。

打开乔海红放在办公桌上的工作日志，上面密密麻麻地记着他自己从医多年来的心得体会：医术不精，愧对患者健康，甚至是性命的托付；仁心比手术刀和药物更重要……这些都是乔海红发自内心的感慨。

2001 年 7 月，乔海红从山西医科大学临床专业毕业后入职阳煤集团总医院神经外科。上班第一天，乔海红就在工作日志中写道：庸医误人！医术不精，愧对患者健康，甚至是性命的托付！为此，他一方面将所学的医学理论与医学实践相结合，把医学实践工作当作自己的新课堂；另一方面向阳泉市业界的知名专家李维泷、郭红军等老师学习，并在老师们的帮助下，现场观摩学习手术，倾听疑难病例指导。2010 年，乔海红外出到中国人民解放军总医院神经外科进修，学习具有世界先进水平的术中核磁系统，接触到了更加广阔的神经外科领域，了解了许多此前从未想到和碰到的疾病，大大提升了自己的专业技术水平。

自己的上进求学，再加上师傅的倾心教导，乔海红进步很快，逐步成长为在工作中能够独当一面的业务骨干。他还积极参与“双腔球囊管在重症脑内血肿的临床研究应用和显微神经外科技术的开展应用”“脊髓髓内病变的手术治疗、微血管减压术治疗面肌痉挛及三叉神经痛、单鼻孔入路垂体瘤切除术”等多项技术革新和科研课题，都取得了良好效果。

乔海红认为，仁心比手术刀和药物更重要，所以医生对病人要理解、宽容，有爱心，有同情心。某年年底的一天，一名独自在阳泉市的姚姓打工者突发脑出血昏迷，情况十分危急，呼吸、心跳会随时停止，需要马上进行手术。这名患者被紧急送至阳煤集团总医院神经外科，可身边除了一位邻居陪伴外，没有任何亲人陪护。在没有家属签字、无人缴纳费用情况下，正在值班的乔海红在迅速组织开展抢救的同时，第一时间向院方相关部门上报情况，启动应急预案，安排医护人员与其远在东北的家人取得联系，并于当晚 10 点多为他施行开颅手术，一直进行到次日凌晨 3 点多才完成，最终使这名危重病人转危为安。

在乔海红看来，有爱心、热心和同情心的仁心是成为一名“好医生”的根本，否则医术再好也枉然。几年前，一名捡拾破烂的老人入院后，他不仅精心为老人治病，而且与科里的其他医护人员一起照顾老人的日常生活，为老人送饭喂饭，为老人端屎端尿，为老人购买生活用品，为老人洗澡。

某年，一名离家出走的患病妇女被送到神经外科后，乔海虹根据这名妇女提供的片段信息，想方设法多方进行打听，并前往矿区分局马家坪派出所寻求帮助，最终为她找到了家人。

难得闲下来的他还会经常与患者或者患者家属聊天唠嗑，缓解他们的心理压力，为他们战胜疾病提供医疗方面的咨询帮助、加油鼓劲，让患者很是感动。

众所周知，医生，特别是一线的手术医生，有手术需要随叫随到，几台手术连轴转也是常有的事儿。神经外科的患者大多是危、急、重，所以，对乔海红来说，辛苦和压力更大，但他却从中收获着满足和幸福。某天，乔海红从早上 8 点到次日凌晨 2 点多钟，连续做了 3 台手术，吃饭、休息就是每次手术的间隙。阳煤集团总医院神经外科的护士董海英说，乔大夫从手术室出来，到医生办公室喝杯水的功夫就趴在桌子上睡着了，叫都叫不醒。

“仁心仁术，妙手丹心”“仁心系患者，妙手赐重生”“医术精湛除病痛，医德高尚令人颂”……从医以来，患者为乔海红送来了上百面锦旗和表扬信，但在他看来，患者的平平安安才是对自己最大的奖励。

(四) 用指尖展示力与美的高健敦

让黑如漆、明如镜、薄如纸、声如磬、硬如瓷的黑陶艺术品焕发生机，是这位阳泉市非物质文化遗产黑陶陶塑技艺的传承人高健敦多年的执着追求。他精心创作的作品参加了中国非物质文化遗产博览会、山西文化产业博览交易会、东亚非物质文化遗产博览会，甚至还漂洋过海在澳大利亚国际陶艺作品展的舞台一展身姿。

拉坯、捏塑、镂刻、风干、烧制成型……土与火的淬炼，力与美的结合，高健敦赋予传统黑陶鲜活的生命。

2005 年，喜欢绘画、对陶瓷制作情有独钟的高健敦考入山西大学美术学院国画专业。学习期间，他开始为自己的艺术做定位，要把阳泉本土特有的东西挖掘出来，在刻苦学习陶艺的同时，受面塑情结启发，高建敦将面塑中捏与塑的工艺融入风格各异的黑陶作品中，让传统黑陶有了新的表现形式。

上大学时，家人资助高健敦建了一座烧制黑陶的窑炉和一间 100 多平方米的陶艺工作室。每逢假期，他便回到郊区东古村的工作室，沉浸在黑陶堆塑工艺的研究当中。

大学毕业前夕，他所在的山西大学美术学院为其举办了“美无止境”高健敦个人艺术作品展。150 多件风格各异的黑陶作品引起了轰动，校园内一度掀起了“黑陶文化热”。

如今，他依然一腔热血，传承创新，让黑陶堆塑工艺出新出彩。

造型端庄大气的梅瓶、朴素厚重的香薰、巧夺天工的狮兽，高健敦创作的黑陶堆塑赢得好评。他与山西省陶艺家协会主席王纪平共同创作的黑陶堆塑作品《人》参加了澳大利亚国际陶艺作品展；创作的黑陶堆塑工艺作品《盘龙大香薰》参加了山西省非物质文化遗产博览会；创作的黑陶堆塑作品《香自苦寒卷枝梅瓶》参加了山西省首届文化产业交易博览会；创作的黑陶堆塑作品《自在》入选了山西省第十二届全国美术作品展览；参加了山西省第二届文化产业博览，其黑陶堆塑作品《青次达摩双胎象》《簪花仕女像》《齐白石》《钟馗像》夺得一金三银……

目前高建敦已经将阳泉黑陶堆塑技艺申报山西省省级非物质文化遗产，并着手将阳泉黑陶堆塑的系列产品申报国家专利。

(五) 演绎泥火千年艺术的传奇人张文亮

平定黑釉刻花瓷自唐朝至今已有上千年的历史。时至今日，这件中华瑰宝仍被世人所追捧。作为平定黑釉刻花陶瓷制作技艺代表性传承人的张文亮不断守正出新、追求卓越，用心演绎着平定黑釉刻花陶瓷这一泥与火的千年艺术传奇。

张文亮结缘刻花瓷始于父亲张聪。20 世纪 60 年代，张聪曾作为第三届全国工艺美术艺人、专业技术人员的代表受到过党和国家领导人的接见。2011 年 8 月，张聪被授予“中国陶瓷艺术终身成就奖”荣誉称号。

生于 1968 年的张文亮，七八岁就经常跟着父亲去平定县冠庄陶瓷厂上班，17 岁初中毕业后到冠庄陶瓷厂随父学艺，跟父亲学会了陶瓷工艺的配料、烧窑、手工拉坏，跟厂里聘请的东北师傅学会了雕塑、拉坯、修坯、上釉、刻花……他在“妙手幻形刻花魅，浴火涅槃釉色凝”中对刻花瓷这门手艺有了新的认识和感知，越来越喜欢刻花瓷制作技艺了。

26 年前，已经在陶瓷厂工作几年的张文亮，通过古文献发现平定窑黑白釉瓷技艺自明朝永乐年间至今已失传数百年。为了能让这一技艺传承下去，他开始着手恢复刻花技艺。1996 年，在父亲张聪的带领下，全家人在自己家的后院搭建起一眼土窑，取名“平定窑张氏陶艺厂”。回忆初始烧制陶器的情景时张文亮感慨万千：带着喜悦进去，烧出来的却是悲哀。一窑一窑的前功尽弃，却没烧毁执着的信念，只要不被困难吓倒，没有被失败放倒，你就能成功。所以说，千难万难，坚持最难，不放弃最难，从失败中吸取教训，逐步改变，掌握一种规律，人贵在有坚持的心。

之后，张文亮先后拜访了清华美院，景德镇、邯郸等地方的制瓷名家，与朋友一起改造窑炉，签订了第一笔生产订单，合作创立了平定古窑陶艺公司。2006 年，张文亮凭借多年的积累和手工技艺烧制出了平定黑釉刻花瓷瓶，使这项失传多年的技艺终于重现世间，而其中拉胚成型和湿刻花已经成为具有北方代表性的瓷器制作技艺方法。

寒来暑往，通过不断的努力和创新，平定刻花瓷通过张文亮名扬世界。黑釉刻花瓶《富贵平安》获得第二届中国民间工艺品博览会银奖；《剔花黑釉瓶》被中国国家博物馆永久性收藏；《龙吟盛世瓶》和《本固枝荣、盛世和谐》的天球瓶被市政府选为新中国成立 60 周年贺礼敬献给中国国民党革命委员会；2012 年，平定文亮刻花瓷研究所被确定为首批省级非物质文化遗产生产性保护示范基地。张文亮被授予第二届“山西省工艺美术大师”荣誉称号，荣获“中华晋商崛起 20 年十大晋商文化守望者”荣誉称号。2014 年 12 月，平定黑釉刻花陶瓷制作技艺被列入第四批国家级非物质文化遗产保护名单。

现在作为国家级非遗平定黑釉刻花陶瓷制作技艺的大师，张文亮仍然认为要想把事情做好，需要踏实的精神。要沉下心来，把活干好，把技艺传承好，这是必须要尽的一份责任与担当。张文亮最大的心愿就是希望这一技艺能够得到传承和弘扬。

如今，张文亮刻花瓷文化园已投入使用，园区分为刻花瓷博物馆、体验馆和研发中心三大块，拓展刻花瓷技艺实用化、雕刻瓷板家装化、恢复平定紫砂产业化的多元化发展。张文亮说，他希望自己能培养出更多的艺术人才，与自己共同来圆这个美好的梦。

第二节　转型发展步入快车道

“沉舟侧畔千帆过，病树前头万木春。”无论是对于一个国家、一个民族、一个区域、一个群体，还是每个独立的自然人，要想“欲穷千里目”，必须“更上一层楼”，转型发展仍大势所趋，只有“不慕古、不留今、与时变、与俗化”，方可取得长足发展。当前，放眼全国，聚焦山西省乃至阳泉市，环视山西工程技术学院，转型发展均已步入快车道。作为21世纪的大学生必须以时不我待的责任感与使命感，抢抓机遇，与时俱进，转型发展。

党的十九大报告中明确指出：“我国经济已由高速增长阶段转向高质量发展阶段，正处在转变发展方式、优化经济结构、转换增长动力的攻关期，建设现代化经济体系是跨越关口的迫切要求和我国发展的战略目标。必须坚持质量第一、效益优先，以供给侧结构性改革为主线，推动经济发展质量变革、效率变革、动力变革，提高全要素生产率，着力加快建设实体经济、科技创新、现代金融、人力资源协同发展的产业体系，着力构建市场机制有效、微观主体有活力、宏观调控有度的经济体制，不断增强我国经济创新力和竞争力。”

一、中国经济由高速增长向高质量发展转变

当前我国经济已经从主要依靠增加物质资源消耗实现的粗放型高速增长，转变为主要依靠技术进步、改善管理和提高劳动者素质实现的集约型增长，经济从高速增长阶段转向高质量发展阶段，是划时代的变化。可以说，目前的中国经济发展，已经不再纠结经济增速快一点还是慢一点，而是以提高全要素生产率为抓手，推动经济发展质量变革、效率变革、动力变革。

虽然中国经济保持了连续几十年的高增长，创造了大量社会财富，中国人从改革开放中获得了巨大的实惠。但由于市场经济体制不健全、分配制度不够完善等原因，出现了一些值得关注的社会经济问题，如城乡差距、地区差距、行业差距等仍然存在，人民群众对协调发展、均衡发展的诉求不断提升。因此，整个中国的经济转型刻不容缓，必须关注社会主要矛盾的转化，转换生产方式，调整利益格局，增加民族的凝聚力、向心力，激发全社会创造力和发展活力，从而实现更高质量、更有效率、更加公平、更可持续的发展。

二、山西省奋力谱写资源型经济转型发展新篇章

山西作为一个能源大省和传统老工业基地，煤炭资源得天独厚，曾一度为全国的经

济发展做出了巨大贡献，但伴随煤炭资源的日趋枯竭、环境的恶化、生态的破坏，经济转型已势在必行、刻不容缓。自 2013 年以来，山西省面对经济断崖式下滑的严重困难局面，迎难而上、砥砺前行。特别是 2014 年 9 月，自党中央对山西省委领导班子进行改组式的重大调整以来，在党中央、国务院和山西省委的坚强领导下，改革创新、攻坚克难，实现政治生态由“乱”转“治”，发展由“疲”转“兴”，同全国人民一道迈入了中国特色社会主义新时代。

2013—2017 年，这五年期间，山西省在转型发展方面取得了重大突破，具体表现为以下十个方面。①供给侧结构性改革取得新成效。认真落实了“三去一降一补”重点任务，退出了煤炭产能 4 590 万吨，率先实施煤炭减量化生产。②转型综改开创新局面。打出了转型综改“组合拳”；稳步推进了开发区整合改制、扩区调规，成立了转型综改示范区，批准新设了 15 个省级开发区，“三化三制”改革取得了突破性进展；率先实施了企业投资项目承诺制改革试点，开展了“1＋9”专项行动；制定了实施区域经济转型升级考核评价办法；省属国有企业公司制改革全面完成。③动能转换取得新突破。加快发展了战略性新兴产业，高端碳纤维、笔尖钢、高铁轮轴钢等一批关键技术取得了新突破；改造提升了传统产业；加快了现代服务业发展；促进了文化旅游融合发展，实施了“五个一批”；实施了“十大创新行动”，大力开展了“双创”活动；深化人才发展体制机制改革，制定实行了以增加知识价值为导向分配政策 14 个配套文件。④对外开放取得新进展。实施了“东融南承西联北拓”战略；积极参与了“一带一路”建设，主动融入京津冀和环渤海经济圈；实施了晋商晋才回乡创业创新工程；开展了山西品牌中华行、丝路行活动；启动了山西自由贸易试验区申报；成功开通了中欧、中亚班列；太原武宿机场进入全国繁忙机场行列。⑤“三农”工作取得新成果。五年出台了 50 项强农富农惠农政策；粮食综合生产能力稳定在 130 亿公斤左右；实施了特色现代农业增效工程；以省级战略推动了农谷建设；累计退出了 4 800 个贫困村，275 万贫困人口脱贫，贫困发生率从 13.6％下降到 3.9％，贫困地区农民人均可支配收入由 3 967 元增加到 7 330 元；脱贫攻坚首战首胜、再战再胜。⑥城乡面貌发生新变化。全省城镇化率年均提高 1.22 个百分点，城乡人居环境改善四大工程顺利实施；推动了“五规合一”；狠抓“铁、公、机”“岸、港、网”等基础设施建设；大同、运城、五台山航空口岸开放和中鼎物流园区建设加快推进；固定互联网宽带用户增长 67.2％，4G 电话用户占移动电话用户比重达到 61.5％。⑦文化建设实现新发展。持续推进了国有文化单位改革；公共文化服务体系不断完善；编纂出版了《山西文华》；一批优秀成果获“文华大奖”等国家级奖项；实施了重大文化传承工程；竞技体育蓬勃发展。⑧人民生活水平实现新提高。各级财政累计投入 1.38 万亿元用于民生福祉；深化了教育改革，实施高等教育“1331 工程”和“双一流”建设，新增 6 所本科院校，实现设区市本科层次教育和高等职业学校全覆盖；城乡居民人均可支配收入年均分别增长 7.6％、8.8％；全面加强了就业工作，突出抓好重点群体就业，实现零就业家庭动态清零；县乡医疗卫生机构一体化改革成为全国典型；覆盖城乡居民的社会保障体系基本建成；省政府每年办好一批重点民生实事。⑨生态环境质量实现新改善。完成了国家下达的“大气十条”目标任务；全面推行河长制，实施“五水同治”；以汾河谷地为中心的地下水位连续 10 年回升；万元地区生产总值能耗预计累计下降 19%；⑩政府自身建设得到新加强。严格落实了政府系统全面从严治党的主体责任；共办理了人大代表建议 4 133 件、政协提案 4 020 件；省市县三级行政机构权力清单、责任清单公布运行；“放管服效”改革有力、有效；覆盖省市县乡四级政府的“13710”信息督办系统建成运行；法治政府建设扎实推进。

山西省在转型发展之路上取得了举世瞩目的成绩，但是仍然面临不少困难和挑战，集中表现为：①发展不平衡、不充分问题比较突出，距离人民日益增长的美好生活需要还有不小差距，长期积累的结构性、体制性、素质性矛盾远未从根本上解决；②实体经济质量效益不高，传统产业不强，新兴产业不大；③市场主体发育不充分，国企竞争力不强，民营经济实力不足；④科技和人才要素支撑不够，整体创新能力不强；⑤开放型经济水平不高，营商环境亟待改善；⑥生态环境问题突出，可持续发展短板较多；⑦“三农”基础薄弱，脱贫攻坚任务艰巨；⑧民生社会事业欠账较多，安全生产基础不牢，社会治理面临一系列新挑战、新要求；⑨政府职能转变还不到位，“放管服效”改革亟待深化。可见，山西的转型发展之路任重而道远。

当前，山西省已进入深化转型发展的关键阶段，正处于可以大有作为的重要战略机遇期。2017 年 9 月 1 日，经李克强总理签批，国务院印发了《国务院关于支持山西省进一步深化改革促进资源型经济转型发展的意见》，这一政策红利为山西省的经济转型提供了千载难逢的历史性机遇。山西省委省政府审时度势、抢抓机遇，明确提出：“伴随着新时代新征程的前进步伐，山西 2020 年要与全国同步全面建成小康社会，2030 年要基本完成经济转型任务，2035 年要与全国同步基本实现社会主义现代化，这是山西现代化进程中三个重要的历史节点。”

山西省委省政府明确描绘了未来五年（2018—2022 年）的奋斗目标与蓝图：综合经济实力大幅提升，经济发展质量效益明显改善，创新驱动能力切实增强，改革开放的广度和深度不断拓展，文化软实力显著提升，人民生活水平普遍提高，社会事业全面进步，生态环境质量明显改善，政府治理体系和治理能力现代化水平进一步提高。到 2022 年，制造业增加值占 GDP 比重由 12%提高到 15%，煤炭产业增加值占 GDP 比重由 15%下降到 11%，文化旅游产业增加值占 GDP 比重由 8%提高到 11%，开发区增加值占 GDP 比重由 15%提高到 35%，民营经济增加值占 GDP 比重由 49%提高到 54%。综合科技创新水平指数位次前移，研究与试验发展经费占 GDP 比重达到全国平均水平，战略性新兴产业增加值占规模以上工业增加值比重由 9%提高到 16%。森林覆盖率达到 23.5%以上。主要约束性指标完成国家下达任务。城乡居民收入与经济增长同步，现行标准下的农村贫困人口到 2020 年全部脱贫。

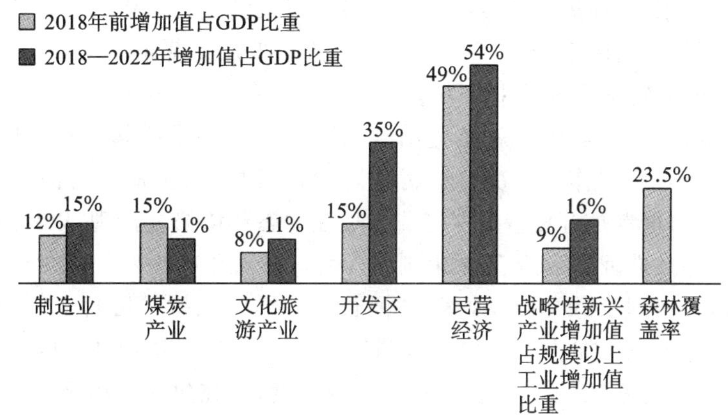

目标已经明确，号角已经吹响，山西人民正昂首阔步行走在转型发展的大道之上，为争取更多的获得感、幸福感、安全感而不懈奋斗。

三、阳泉市全面改革，谋转型、促发展

山西省阳泉市作为一个典型的资源型城市，在过去的五年(2013—2017年)经历了改革开放以来最为困难、最为曲折的时期，政治生态由“乱”转“治”，经济发展由“疲”转“兴”。

阳泉市按照山西省委省政府的总体部署，结合本市的客观情况，坚持把深化供给侧结构性改革与深化转型综改试验区建设有机结合起来，作为经济工作的主线，统筹推进稳增长、促改革、调结构、惠民生、防风险各项工作，大力推进改革开放，推动质量变革、效率变革、动力变革，在打好防范化解重大风险、精准脱贫、污染防治的攻坚战方面取得扎实进展，引导和稳定预期，加强和改善民生，促进经济社会持续健康发展。

阳泉市坚持高质量发展的根本要求，加快转型发展步伐，建立现代多元支柱产业体系。坚定不移推动供给侧结构性改革，落实好“三去一降一补”五大任务，按照山西省委“不当煤老大”“争当排头兵”的定位和部署，进一步完善细化转型发展考核指标体系，出台具体考核办法；设立新兴产业投资基金，引进战略投资者和优秀基金管理团队；抓好转型项目库建设，实行动态管理。努力建设转型发展先行市。产业再聚焦，实施好“去减煤炭、优化电力、扩大煤化、做强装备、创新冶金、重组耐材、做大旅游、突出信息、加强物流”的“三十六字”调产思路。在改造提升传统产业同时，下更大气力培育和发展新兴产业，进一步聚焦信息产业、文化旅游、现代物流和健康养老等四大转型方向。

阳泉市注重全面深化改革创新，引领助推转型升级。要求党政主要负责人要亲力亲为抓改革，勇挑最重的担子、敢啃最硬的骨头，深化国企国资改革，深化地方投融资体制改革等重点改革，加强科技创新。继续深化行政审批制度改革，发挥区位优势，主动融入“一带一路”大商圈，积极对接京津冀协同发展、雄安新区建设等国家战略，努力在全省构建“新高地”方面走在前列。千方百计补齐民营经济“短板”，把民营经济发展放在更加重

要位置，落实好国家、省促进民营经济发展的各项政策措施。深化民营企业家成长工程，按照“亲”“清”新型政商原则，努力营造尊重、保护和激励民营企业家创新创业的社会氛围，使民营经济成为转型升级的中坚力量。

阳泉市认真践行“绿水青山就是金山银山”的理念，自觉扛起生态文明建设主体责任，切实抓好生态环保工作。坚决打好污染防治攻坚战，以更加有力的举措抓好大气、水、土壤污染防治，重点是打赢蓝天保卫战。加强生态环境修复治理，以系统工程思路抓好生态建设，统筹推进沉陷区治理、村民搬迁、生态修复和产业发展；继续加大矿山生态恢复治理力度，开展国土绿化行动，落实“河长制”，继续保持严厉打击私挖滥采高压态势，全力守护绿色生态。加快生态文明体制改革，认真贯彻落实好中央和省有关生态文明体制改革的各项任务，健全自然资源资产产权制度，研究建立市场化、多元化生态补偿机制，严格落实《领导干部自然资源资产离任审计规定（试行）》，大力推进生态环境损害赔偿制度改革，改革生态环境监管体制，加快生态保护红线划定工作等。

阳泉人民正以创新的思维、开拓的精神、包容的胸怀、不懈的努力，奋力谱写山城转型发展的崭新篇章。

四、山西工程技术学院向应用型本科跨越发展

（一）“十二五”期间成绩斐然

“十二五”期间，山西工程技术学院成功升本，各项工作均取得突破性进展，成绩斐然。

1. 办学层次实现新提高

2012年伊始，学校全面实施升本建设工程，开始了艰难的升本历程；2013年，争取到“筹建”资格，实现办学指标“填平补齐、增量明显”的目标；2014年2月28日，教育部院校设置委员会上海会议高票通过学校升本；2014年5月27日，教育部正式发文批准建立山西工程技术学院。山西工程技术学院的建立，标志着阳泉第一所本科院校诞生，填补了阳泉高等教育的空白，学校跻身山西省23所本科院校序列，成为山西省第5所工科院校，办学层次实现了新的提高。

2. 师资队伍建设取得新进展

学校坚持“引进与培养并举、学历与能力并重”的原则，以引进和培养高层次、高学历人才为重点，以提高师德素养、教育教学能力、科研能力为核心，以梯队建设和教学科研创新团队建设为主要任务，不断加强师资队伍建设。“十二五”期间，学校新增专任教师72人，其中博士研究生2人，硕士研究生64人，柔性引进入选中科院“百人计划”专家1人、国内知名学者1人。56名教师通过学习进修取得了硕士学位，8名教师取得了博士学位，7名教师到国内知名高校做访问学者。截至2015年底，专任教师达到326人，其中博士11人，硕士及以上教师占专任教师总数的76％，副高及以上教师占专任教师总数的

34.7%，并且学校聘请了48名有丰富实践经验的企业高级工程师担任兼职教授。学校有省级优秀教学团队1个，省级教学名师7名，省级优秀教师13名，山西省高等学校131领军人才工程优秀中青年创新拔尖人才5名，初步建成了一支爱岗敬业、结构合理、专兼结合的师资队伍。

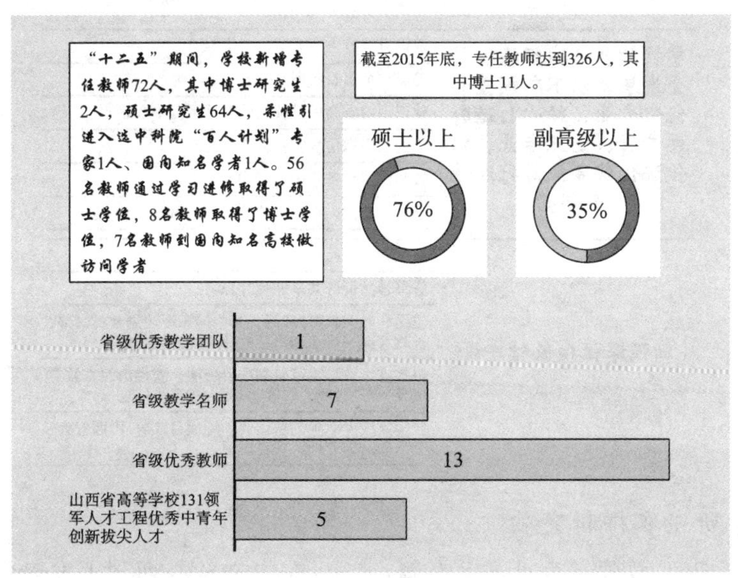

3. 人才培养取得新成效

学校从人才培养方案、课程体系、评价体系、教学管理、素质拓展等全方位入手，不断创新人才培养模式，推行分层教学、公开教学、教考分离等教学改革。发挥专业建设委员会、学术委员会、教学督导的作用，完善教学质量监控与评价体系，强化教学过程管理和信息化管理。坚持扎实基础与熟练技能相结合，强化学生的实践能力、就业能力和创新能力培养，积极开展KAB、SYB等创业、创新教育。"十二五"期间，学校为社会输送本专科毕业生14 638人，毕业生就业率达到80%以上，其中本科毕业生就业率达到95%以上，被评为山西省高校毕业生就业工作先进单位，为区域经济和社会发展提供了强有力的人才支撑。

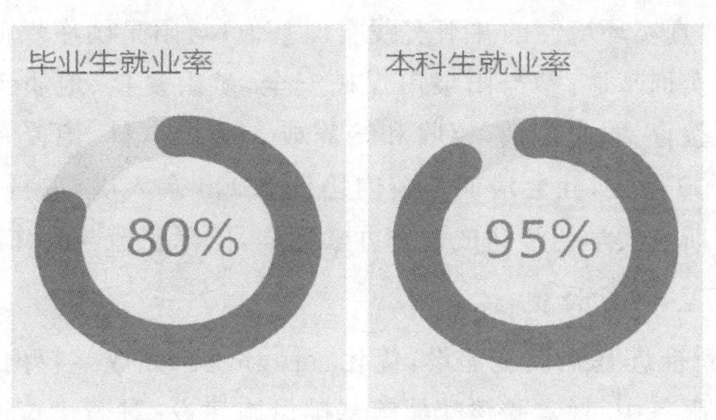

4. 专业和课程建设取得新成果

学校结合区域经济、社会发展需求不断调整和优化专业，精心打造特色专业、重点专业，对传统优势专业进行改造升级。加强课程和教材建设的同时，积极申报国家级规划教材、省级教学改革研究项目等。

学校结合区域经济、社会发展需求不断调整和优化专业，精心打造特色专业、重点专业，对传统优势专业进行改造升级。	建设省级特色专业4个。
	建成52个实验实训室。
	建成山西省高等学校实验教学示范中心3个。
	山西省虚拟仿真实验教学中心2个。
	教学仪器设备总值达到10 570万元。
	建立综合性、专业性校外教学实习基地52个。
加强课程和教材建设	建成省级精品课程3门。
	省级精品资源共享课程2门。
	主编和参编教材352部，其中国家级规划教材26部，被教育部、行业和出版社评为优秀教材的有55部。
	申报省级教学改革研究项目15项，获得山西省教学成果一等奖1项、二等奖3项、三等奖1项。
	获国家级大学生创新创业训练项目7项，山西省大学生创新创业训练项目28项。

5. 科学研究取得新突破

“十二五”期间，教师发表论文 819 篇，其中：在中文核心期刊上发表学术论文 103 篇；出版专著 30 部；授权专利 69 件；承担省级科研课题 24 项，涉及纵向科研经费 100 多万元，承担企业科研项目 16 项，横向科研经费 38.5 万元；培育建设新型建筑材料、煤矿安全、量子调控产业应用研究等 6 个协同创新团队，量子调控产业应用研究中心实验室被评为阳泉市重点实验室。学校出版校刊《教研与科研》20 期，开设清泉讲坛，举办各类科研讲座和学术交流活动，学术氛围日益浓厚，科学研究取得新突破。

6. 社会服务实现新拓展

加强校企合作、产教融合，为学生建设实习实训和就业基地，为教师搭建科研服务平台。与阳煤集团签订了科技攻关和基础项目合作研究战略协议；与阳泉市政府、阳煤集团签订协议，共同组建资源型城市转型协同创新中心；与新景矿合作，利用残留煤柱建成了具有生产服务性、真实环境性的井下实践实训基地；与阳泉固庄煤矿合作，在校内建成模拟矿井掘进巷道实训基地；参与阳泉市煤矿安全、矿山复垦、地质工程、建筑施工等项目。积极开展继续教育、职业培训，招收和培养成人函授本科、函授专科、煤矿关键岗位中专三类学员 10 000 余人，社会培训及校内培训 3 000 余人次，取得了良好的经济和社会效益。与美国菲斯克大学初步达成合作办学意向，国际交流与合作迈出新步伐。

7. 校园环境呈现新面貌

加大投入，不断推进基础设施建设，优化校园环境。完成学校南门、图书馆、学生宿舍、实习工厂、学生服务中心、实验楼配楼等基础设施建设；对旧建筑进行装饰改造，对校园道路进行了整体规划和改造，整修硬化校园道路，铺设人行便道，安装路灯，移建高压线路，移建和维修地下水暖气等管网，纳入阳泉市集中供热网，种植树木、绿地、草坪，设置雕塑、景观石，校园环境呈现崭新面貌。学校进一步完善了公共服务体系，图书馆藏纸质图书达到68.4万册，电子图书30万册，购置了中国知网数据库、维普知识资源系统、万方数据知识资源系统、超星电子图书数据库、超星移动图书馆和读秀百链等丰富的数字资源，开通了CALIS外文期刊网、博文光盘云系统等，满足了广大师生阅读、科研等需求。校园网络覆盖范围囊括了所有主要建筑物，校园网络出口带宽达到102 M。修建了体育场、篮球场、网球场、游泳馆、羽乒馆等体育设施，满足师生活动和健身的需要。完善了消防、门禁等设施，积极创建平安校园，多次被评为山西省平安校园先进单位。

8. 党建和思想政治工作迈上新台阶

坚持从严治党，夯实发展基础，以开展群众路线教育实践活动、“三严三实”专题教育活动、学习讨论落实活动、基层组织提升年活动为契机，扎实抓好党建和思想政治工作。加强思想建设，唱响主旋律，弘扬正能量，牢牢把握意识形态的领导权和主动权；加强组织建设，抓好领导班子，认真贯彻落实党委领导下的校长负责制，严格遵守党的政治纪律和政治规矩，把纪律挺在前面；加强作风建设，以党风正校风，以校风促教风，以教风带学风；加强党风廉政建设，按照省委“五句话”的总体思路，认真落实“两个责任”、“一岗双责”和党风廉政建设责任制。学校获得2015年山西省五一劳动奖状，顺利通过2014—2015年度山西省高校文明单位标兵评估。

（二）“十三五”精准定位、目标明确

2014年，学校实现办学层次提升，迈向一个全新的平台，为学校发展带来了新的机遇。同时，学校升本成功后，全校上下同心同德、人心思进、乐于奉献、开拓创新，凝聚了强大的力量，提供了良好的发展环境。学校的学科专业布局以工科为主，与区域经济社会发展结合紧密，对于应用型人才的培养也起步较早，职业教育理念已经深入人心，从教育观念、专业布局、人才结构、设施配套等方面为向应用型本科转变奠定了基础，学校力求充分发挥自身优势，实现弯道超车和华丽转身。

《山西工程技术学院“十三五”发展规划》明确提出了“十三五”期间的发展战略：全面实施“一二三四”发展战略，即围绕“一个目标”，抓好“两大工程”，实现“三个突破”，推动

“四项建设”，稳步推进学校各项事业发展。“一个目标”是建设合格的应用型本科院校；“两大工程”是“双师双能型”师资队伍建设工程和“一体两翼”(“一体”就是指人，指学生，就是要坚持以人为本，回归教育本源；“两翼”是“立德树人”和“以技能人”两个隐形翅膀)学生素质提升工程；“三个突破”是应用型教育教学改革、科研能力提升、社会服务能力提高；“四项建设”是推动学科专业建设、实验室和平台建设、公共服务体系建设和校园文化建设。

山西工程技术学院远景目标为：①2020 年到 2030 年，用两个五年时间逐步赶超省内其他新建本科院校；②到建校六十年(2044 年)，建成培养本科和工程硕士层次应用型大学。

(三) 奋斗当下，捷报频传

2017 年作为山西工程技术学院应用型本科高校建设的关键之年，学校始终以建设特色鲜明的应用型本科高校为目标，坚持立德树人，坚持全面从严治党，以“1331 工程”建设为抓手，以培养高质量应用型人才为中心，全体师生齐心协力、攻坚克难，捷报频传。

学校山西省高校思想政治工作协同育人中心项目入选山西省八所培育院校之一；材料科学与工程学科入选山西省优势特色学科，和企业合作成功申报科技厅陶瓷产业技术创新战略联盟。2017 年，学校新批 6 个本科专业，获批省级优势专业 1 个，面向新经济的煤炭类机械工程专业改造升级路径探索与实践项目成功入选教育部新工科研究与实践项目。

2017 年，学校获山西省高等学校大学生创新创业训练计划项目 10 项，其中 3 项获国家大学生创新创业训练项目。参加第十五届“兴晋挑战杯”大学生课外学术科技作品竞赛，取得一等奖 1 项，三等奖 8 项。深入开展“五小”竞赛活动，形成作品 37 件，其中 2 件作品获得省级三等奖。在中国“互联网＋”大学生创新创业大赛中共有 9 个项目获奖，其中二等奖 3 项，三等奖 3 项。2017 年，举办了以“重操作强技能”为主题的第一届机械装配技能大赛，申请并被授予了全国应用型人才培养工程基地，新增了 ATCP 技能鉴定工种 11 个。组织学生参加“优优汇联杯”全国电子商务实战技能大赛、全国金融与证券投资模拟实训大赛、全国高等院校 BIM 应用技能大赛，分别获得第一名、一等奖、团队优胜奖。2017 年 11 月，学校承办了山西省计算机学会学术年会，大会以“数据驱动，智胜未来”为主题，我省计算机教育界、学术界以及企业界的 240 余人参加。

2017 年，学校与阳煤集团产教研合作取得重大突破，双方就科研合作、实训基地建设、职工培训等举行了多次高层次、全方位的协商洽谈，达成了多项合作协议，校企关系突破坚冰，双方情谊紧密融洽。一是合作共建煤矿实景教学培训基地。学校负责基本建设；阳煤集团投资近2 000万元，负责设备的购置、调试安装等。二是依托学校优势资源，在校内合作共建 3 个院士工作站、1 个博士后流动站、1 个检测实验室，现已完成选址工作。一期进校的是袁亮院士，准备在学校建设一个精准开采重点实验室。三是与阳煤集团合作进展顺利，有 4 项科研合作取得阶段性成果。四是达成人员互聘合作协议，学校将适时聘请一些有实战经验的阳煤集团专家为学生授课。

2017 年，学校申报成功了外籍教师聘任资格，通过了国家外国专家局的系统审批，正式成为外教人才专业委员会成员，目前正在积极联系外籍教师来校任教。选拔外派 3 名教师到加拿大渥太华大学留学，1 位领导到澳洲执行国家千名中西部大学校长海外研修计划。2017 年，柔性引进中国工程院王一德院士为学校特聘教授。

2017 年，学校根据教育部、省教育厅要求，组织精干力量完成并按时上报了学校《学生管理规定》和“2＋X”制度体系具体实施管理办法，形成了 7 类制度、24 项工作规定或管理办法。学校组建了“青年志愿者协会”志愿服务队等 5 支专业化志愿服务队伍，形成“善行 100”志愿服务活动等数个品牌项目，建立起适应校内志愿者、社区志愿者等不同类型志愿者服务活动的工作机制；2 个班级团支部被团中央授予“活力团支部”荣誉称号；选派西部计划志愿者 4 名，为塑造山西美好形象、推动实现“两个持久”做出了贡献。

2018 年 4 月 17 日，山西工程技术学院接受了山西省人民政府学位委员会办公室开展的增列学士学位授权单位和授权专业评审工作，并顺利通过了评审。

当前，山西工程技术学院每位师生正在继续发扬艰苦奋斗、甘于奉献的升本精神，身体力行、主动作为，为把学校早日建设成合格的应用型本科高校而不懈努力奋斗。

第三节 奋斗的青春最出彩

一、奋斗是人生的全部意义

“宝剑锋从磨砺出，梅花香自苦寒来。”人类从古至今向往着一切美好，可这都不可能唾手可得，都离不开筚路蓝缕、手胼足胝的艰苦奋斗。我们的国家，我们的民族，从积贫积弱一步一步走到今天的发展繁荣，靠的是一代又一代人的顽强拼搏，靠的是中华民族自强不息的奋斗精神。

艰苦奋斗精神是中华民族的传统。中华民族向来以特别能吃苦耐劳和勤俭持家、讲究节俭著称于世。艰苦奋斗也是我们党的一大优良传统。中国共产党人作为中华民族最优秀的儿女，合乎逻辑地继承了我们民族的优良传统。我们党为争取民族解放和独立的斗争史，就是一部艰苦奋斗的创业史。

当前，我们的祖国既面临着重要的发展机遇，也面临着前所未有的困难和挑战。实现祖国的发展目标，需要青年一代立足本职、埋头苦干，从自身做起，从点滴做起，锲而不舍、驰而不息地奋斗，用勤劳的双手、一流的业绩成就出彩青春。

所有奋斗着的青年，都有一个共同的价值基点，那就是他们认为，有梦想的人生是快乐的，为奋斗打拼的人生是充实的。无论来自何处，无论从事何业，他们有一个共同的名字：追梦人。他们为了梦想而来，通过奋斗圆梦。诚然，梦想和现实还有着遥远的距离，然而他们相信，只要坚持，梦想总是可以实现的。所以他们努力，所以他们坚持，所以他们始终朝着梦想的方向奋进。追梦远没有说起来那么诗意，但因为有着梦想，愿意奋斗，所以他们无怨无悔，他们身上集中展现了青年人敢想敢干、敢闯敢拼的精神气质，他们身上的青春色彩，再重的雾霾都遮挡不住。

青年是社会的希望，帮助青年圆梦是社会的责任。所以我们很愿意能深入奋斗着的青年身边，倾听他们的所思所欲，了解他们的所求所忧，对他们多一点关心，多一点帮助，让他们有更多的“获得感”。即便不能直接做些什么，起码也要给他们多一点尊重，多一点理解。历史和现实一再证明，相对于社会给予青年的，青年还给社会的只会更多。

狄更斯说：“这是一个最好的时代，也是一个最坏的时代。”这句话常被用来诠释时代，其实这句话适用于所有时代。对于奋斗的人来说，所有时代都是最好的时代；对于懈怠的人来说，所有时代都是最坏的时代。对于所有人来说，你只能先适应时代，而不能要求时代先来适应你。更何况，“黄金时代在我们面前，而不是身后”，我们看到了太多的奋斗改变人生的传奇。对于个体而言，圆梦或许有机遇、起点以及其他原因，但上升到普遍意义，梦想永远都是“天道酬勤”。对许多人来说，如果连奋斗都放弃了，还能有什么？而且奋斗本身就是一种美，奋斗才是年轻最应该有的姿态。

在实现中国梦的征程中，奋斗就是梦想的一切，就是人生的全部意义，就是青年的满满正能量。时间已经证明并将继续证明奋斗的意义，奋斗将书写出更加精彩的人生篇章。

中国梦，是中国共产党召开第十八次全国代表大会以来，习近平总书记所提出的重要指导思想和重要执政理念，正式提出于2012年11月29日。习总书记把“中国梦”定义为“实现中华民族伟大复兴，就是中华民族近代以来最伟大梦想”，并且表示这个梦“一定能实现”。

二、追寻青年典范的足迹

青年模范人物是青年人学习的榜样，他们肩负着更多社会责任和公众期望，在青年中乃至全社会都有着很强的示范带动作用。

1. 大山深处孤身支教——徐本禹

如果眼泪是一种财富，徐本禹就是一个富有的人，在过去的时间里，他让我们泪流满面。他从繁华的城市走进大山深处，用一个刚刚毕业的大学生稚嫩的肩膀，扛住了倾颓的教室，扛住了贫穷和孤独，扛起了本来不属于他的责任。徐本禹点亮了火把，刺痛了我们的眼睛。他富有爱心，在大学期间节衣缩食，用自己勤工助学的微薄收入和刻苦学习所得到的奖学金，先后资助多名经济困难的同学，并积极为社会公益事业捐款。从2001年到2004年，他一直在资助湖北沙市一名叫许星星的孤儿，从未间断。他在自述中写道：“我唯一能做的就是把爱心传递下去，用自己的行动来帮助那些生活上需要帮助的人。”

2002年7月，徐本禹参加学校组织的暑期社会实践，到贵州省大方县猫场镇狗吊岩村设在山洞里的为民小学支教了一个月。这次社会实践之后他也尽自己最大的力量去做支教，且更加深刻地认识了国情，激发了他强烈的社会责任感，决心以实际行动为改变当地贫穷落后的状况贡献自己的力量。返校时，孩子们依依不舍，这种满满的爱是我们无法体会的。

徐本禹的事迹感动了无数人，尤其感动了广大青年学生。全国各地网友，以及十多个国家和地区的华人华侨和中国留学生纷纷发来电子邮件或在网上撰文，用真诚感人的语言，表达了对徐本禹的赞誉，称他为“新时代大学生的楷模”“中华民族的脊梁”“知识分子的社会良知”。同时，他的事迹也引发了国内许多人的称赞。

作为当代大学生的我们，更应该坚持把个人价值与社会需要结合起来，把高尚的道德情操、远大的理想志向同实实在在的奉献活动结合起来，树立正确的人生观、价值观，自觉承担社会责任，追求崇高的生活意义，把自己融入人民群众和现实生活之中，在更大限度上去服务人民，服务社会，实现社会价值。徐本禹是社会主义新时期大学生的一个典型代表，他用自己的行动表明了作为当代大学生实现自己的人生价值的另一种方式，树立了正确的人生态度和崇高的理想信念，在对社会的贡献中实现自己的人生价值。他的榜样示范的作用可以给更多的人树立适合自己的正确的价值观提供参考，不是只有创造物质财富才能实现自己的价值，我们本身就是一种财富。他把自己的人生价值与社会价值相统一，在对社会做出贡献的价值中也实现了自身的人生价值。从这个案例中我们知道把社会价值与人生价值相统一起来具有重要的意义，这充分发挥了思想政治教育的导向作用，对于我们丰富新时期思想政治教育内容具有重要的启示意义。

徐本禹作为优秀大学生典型，集中体现了学校思想政治教育工作，特别是贫困生帮扶工作和大学生社会实践教育的成果，是进一步加强和改进大学生思想政治教育工作的生动教材。徐本禹的事迹可感、可知、可学，既崇高又质朴，既能感染心灵又能启发思考，具有鲜明的时代特征。作为当代大学生的我们更应该关注社会，关爱民众，有着无私奉献的高尚情操，始终把个人价值与社会需要结合起来！

2. 最美大学生村官——秦玥飞

秦玥飞2005年取得美国耶鲁大学的全额奖学金，赴美留学。2011年，在耶鲁大学完成了经济学和政治学两个专业的学习，取得了文科学士学位。20岁，秦玥飞以优异成绩考入耶鲁大学时，许多人以为这是一条穿西装、拿高薪的富贵路。26岁，秦玥飞从耶鲁毕业后，却来到湖南一个小山村，走上一条进基层、当大学生村官的实干路。他是一个喝过“洋墨水”的城里孩子。重庆长大的他，高中毕业时以托福满分的成绩考入美国耶鲁大学，享受全额奖学金，成为重庆第一个被世界一流名校直接录取的学生。获得双学士学

位、以优异成绩毕业的他，却没有去跨国公司做都市白领，而是来到湖南衡山脚下的一个小山村，做了一名大学生村官。仅仅一年，无钱无背景的他，帮村民引进80万元现金，建起了新敬老院等多个公共项目。于是，村民亲昵地称他“耶鲁哥”。

“农村社会的复杂性超乎我的想象，但我觉得这是个大课堂，我不能把它看作不正常的现象。在村里做事遇到困难是正常的，只要学会去适应、学习、分析，就有可能找到解决方案。”秦玥飞说。除了修水渠，秦玥飞所做的事还包括敬老院改造、街道硬化和照明、为村里几所学校搭建信息化教学平台。他说，任何一个项目都应做好详尽的预算和规划。他不自作主张替村民做任何决定，但只要是村民要办的事，绝不允许自己办不到。如今，他“要在公共服务领域干点事儿”的追求已经小有成绩，这个梦想也越来越坚定。“大学生村官生涯还有一年多就结束了，这是千金不换的经历。还没想过以后要干什么，但肯定会在公共服务的路上一直走下去。”秦玥飞说。

自2011年8月担任大学生村官以来，他立足农村实际，心系村民群众，动员多方社会资源，积极募集资金，倾心公益事业，在帮助硬化村级道路、安装路灯、改善农田灌溉设施、引进信息化教育设备、改扩建敬老院、提供校车安全保障等方面积极努力，无私奉献，为当地谋取民生福祉做出了较大贡献，深受乡村干部和广大群众的一致好评。

2012年10月底，他以85%的选票光荣当选为衡山县第十二届人大代表。2013年5月，湖南省人民政府授予秦玥飞“一等功”奖励，共青团湖南省委授予秦玥飞第十五届“湖南青年五四奖章”。同年8月，秦玥飞获选湖南“最美村官”称号，并代表湖南村官参与2013年CCTV首届全国“最美村官”评选，10月，获选CCTV“最美村官”称号。2014年1月17日，在衡山县第十二届人民代表大会第三次全体会议上，秦玥飞被选举为衡阳市第十四届人大代表。2017年2月8日，秦玥飞获得“感动中国2016年度人物”称号。

在殿堂和田垄之间，他选择后者。脚踏泥泞，俯首躬行，在荆棘和贫穷中拓荒，洒下的汗水是青春，埋下的种子叫理想。守在悉心耕耘的大地，静待收获的时节。

3. 向上向善好青年——田玲

田玲，女，汉族，河北鹿泉人，现任阳泉市郊区杨家庄乡党委副书记、乡长，共青团山西省委兼职副书记，山西省政协第十一届委员，山西省青年联合会副主席，团省委第十四届委员。田玲曾荣获全国乡村好青年（创富类）、全国优秀村民贴心人、全国向上向善好青年（爱岗敬业类）、山西省优秀大学生村干部、山西省三八红旗手、阳泉市十佳大学生村干部、阳泉市优秀共产党员、阳泉市青年创新创业奖、阳泉市三八红旗手、第七届阳泉市十大杰出青年、第四届阳泉道德模范（敬业奉献）、第四届阳泉市郊区十大优秀青年、阳泉市郊区优秀共产党员等称号。

俗话说："要想富，先修路。"田玲通过走访调研发现，目前制约村子发展的主要因素之一，就是路的问题。说干就干，正月刚过，田玲和班子成员商量着为全村 2.5 公里的小街小巷的硬化工程做着准备工作，改变村民出行晴天一身土、雨天一脚泥的现状。经过她和村民们一起 20 多天的努力，前期的护坡垒砌、路基修整、排水管路改造终于如期全部完成，现已进入灌浆阶段。此项工程累计投资 65 万元，投入劳动工时 700 余个，动用土石方 210 立方米，2012 年 6 月底能够全部完成；同时，会启动相应的街道亮化、美化、净化三大工程，2012 年年底前全部完成，彻底改善了村容村貌，提高了村民居住环境质量。

她带头让村民生活好起来，并做好了科技推广员的工作。石板片村共有 71 户、169 口人，耕地 234 亩，全村的大部分村民以种地为生，年人均收入 4 000 元左右，是个典型的纯农业村。为山区百姓找到一条发展和增收的好路子，是她当村官后的第一要务。当得知山西省农业科学院果树研究所在山西省多个地市引进示范成功"玉露香梨"而阳泉市还是空白的消息后，她就以自己是阳泉市首批农村科技特派员的身份联系区农业技术推广中心的专家一起到太谷实地考察，结合村情，最终确定引进"玉露香梨"示范种植基地 10 亩、550 株树苗。通过指导香梨基地采用优良品种引进、先进栽植技术、科学管理方法等创新技术，实现香梨在盛果期的亩产量达到 2 000 千克，年收入实现 10 万元的目标，并和区工商局联系办理申请注册商标的相关事宜，最终实现规模化管理、品牌化经营的现代模式。

同时，她又在 2012 年 3 月积极组建阳泉市锦松种植专业合作社，该社注册资金 10 万元，注册会员 8 人(其中党员 6 名、女性 4 名)，采取"大学生村官＋农户"的形式，以成员为主要服务对象，依法为成员提供农业生产资料的购买，农产品的销售、贮藏以及与农业生产经营有关的技术、信息等服务。合作社主要从事蔬菜、水果、谷物、薯类及豆类的种植；组织采购、供应成员所需的生产资料；组织收购、销售成员生产的产品；开展成员所需的贮藏、包装等服务；引进新技术、新品种，开展技术培训、技术交流和咨询服务等。合作社

采取“农户＋合作社＋基地”的现代化管理模式，走“集约经营、成片发展”之路，实行规模化种植、集约化发展，注重打造规模优势和品牌效应，积极推进“一村一品”发展和农业产业化经营，并同时组建成立了阳泉市锦松种植专业合作社党支部，为合作社的发展提供了坚实的组织保障。

城里长大的田玲打破了世俗对大学生村官的看法，人们认为“村官不是什么官，尤其是大学生村官，浮躁，待不住，镀镀金就走了”，而田玲却给我们大学生树立了一个好榜样。作为当代大学生，我们要时刻牢记自己的使命，向田玲学习，既要胸怀共产主义远大理想，更要坚定走建设中国特色社会主义和谐社会道路的信念，提高自身和识别是非的能力，树立与社会同发展和全心全意为人民服务的观念，把自己塑造成为思想成熟、科学文化知识和专业知识过硬、德才兼备的合格大学生，为将来投身建设中国特色社会主义和谐社会的伟大事业奠定坚实的基础。人的一生只能享受一次青春，当一个人在年轻时就把自己的人生与人民的事业紧密相连，那么他所创造的就是永恒的青春。

三、为山工院的精英学子骄傲

（一）年轻的技工大师姚武江

萧伯纳曾说：“脚跟立定以后，你必须拿你的力量和技能，自己奋斗。”新时代属于青年人，更属于勤奋学习、勇于创新的有志者。2017 年当选为全国人大代表的姚武江用自己的成功告诉我们：奋斗，不仅要肯吃苦，更要专注于技术和技能。

1986 年出生的姚武江，毕业于山西工程技术学院机电一体化专科班，2010 年到一矿从事井下机电工作。“我还清楚记得，第一次跟着师傅刘继忠维修高压开关时，对设备设计原理、布线方式一窍不通，只能站在一边看着。还有那句‘还技术员呢，连个机电故障都处理不了’也时常在耳边响起。”“我把这些都当作激励，并给自己立下目标，就是必须学好技术、练就立身的本领。”

自此，他开始了恶补。2010 年报考了河北工程大学本科，学习采矿专业。工作中，他尤其注重把理论知识与工作实践相结合，钻研技术，钻研业务，翻阅大量的与变频开关相关图纸资料，研读《矿用变频器使用与维修》《可编程控制器原理与应用》等教材，还独立编写各种简单程序，总结扳子、钳子、螺丝刀等常用工具的快速使用方法，以及快速排查机电设备是否漏电的窍门。

姚武江还把训练场搬到了家里。不是花费十几个小时摆弄模型，就是“钻”进书里好几个小时不出来。“一般家里常备一些机电工具和设备模型，比如显示屏、变频器，还有可编程控制器、万用表等。我会利用业余时间上网查资料，如果有新想法，就用现有设备尝试能否解决生产中遇到的疑点、难点问题。”

2017 年，一矿率先使用刮板变频器开关。然而，在试验过程中出了点儿小问题，厂家工程技术人员也无法排除故障。正当大家心急如焚时，姚武江冷静分析，并带领相关技术人员，看图纸、查资料、紧盯现场，最终发现设备本身在接线工艺上存在线路接地的问题，便逐条测量每个开关上的所有线路，找到了故障点。24 小时之后，问题终于解决了，在场的每个人都松了一口气。

如今，姚武江不仅能轻松应对井下各种各样的机电设备故障，还能时不时搞一些小技改、小革新，其中皮带集控装置改造还在 2017 年山西省煤炭行业“五小”创新竞赛优秀成果评选中斩获特等奖。

“比武赛场讲究‘真刀实枪’，能够全面提升参赛选手的综合业务水平。每次参加比武，我的知识储备、技能水平都会在短时间得到很大提升。”姚武江道出了自己热衷比武的缘由。

2011 年，姚武江有幸参加“晋城煤业杯”第四届全国煤炭行业职业技能竞赛。那时的他，刚刚参加工作，因为懂得编程，而那届比武侧重于编程考察，于是机会垂青于他。井下防爆标准、检查标准、供电设计……包罗万象的机电知识，他硬是用三四个月的时间“填”到了自己的脑子里。但那一次，实际操作成绩拖了后腿，他只获得第十名。

2013 年，“中国平煤神马杯”第五届全国煤炭行业职业技能竞赛，姚武江又来了。备战时，他只围绕考纲备战，虽说把理论涉及的考点记了个滚瓜烂熟，实际操作涉及的考点练了个游刃有余，可涉及面的局限让他面对陌生的考题时，傻了眼，慌了神，乱了阵脚。

2015 年，“冀中能源杯”第六届全国煤炭行业职业技能竞赛，姚武江再次出马。吃一堑总要长一智。这一次备战，平日练习时，他围绕考纲，但不拘泥于考纲，而是以点及线向面进行辐射。自己给自己加难度，自己给自己压担子，不断更新备战方案，不断改进操作方法。最终，他获得第八名。

2017 年，“同煤杯”第七届全国煤炭行业职业技能竞赛，姚武江再一次参加。备战理论，相关知识他一点一滴积累、总结、提炼；备战实操，技能手法他一次一次琢磨、改善、精进。正因不断突破自我，功夫不负有心人，这一次，他成了金牌得主。

“学技术需要不断吸收新鲜事物，所以要不断学习，始终保持思维的活跃。对于我来说，技术是根本，是立足岗位所必需的。”说到脑子活，姚武江确实不走寻常路，他有自己的一套方法：“工作中，人们习惯处理故障采用逆序的倒金字塔方法，一点点积累、总结，遇到问题后依靠经验去处理。而我的方法是正金字塔式的——发现问题后进行延伸、积累，由点及面，从而更全面、快捷地判断、处理故障，提高效率，为生产节约时间。就好比一本书，我总结的时候会设立目录，遇到故障，直接查找目录就能找到对应的解决方法。”2014 年，姚武江大师工作室在一矿成立，被评为山西省职工创新工作室，而姚武江也成为阳煤集团最年轻的技能大师。

8 年时间，曾两眼一抹黑，曾失败，但目标始终明确，从未想过放弃；8 年时间，吃的苦不少，经历的挫折不少，但走好技术这条路的决心一点都没减少；8 年时间，姚武江扎根阳煤，用执着和奋斗，描摹出年轻技术人员该有的样子。

（二）励志学子梁志豪

梁志豪来自山西省大同市，就读于山西工程技术学院机械电子工程系 2014 级机械设计制造及其自动化 2 班。在大学期间，梁志豪光荣地加入了中国共产党，在老师和同学们的指导和帮助下，先后获得 2015 年全国大学生英语竞赛国家级三等奖、第十三届“兴晋挑战杯”大学生课外学术科技作品竞赛省级二等奖等多个竞赛奖项，并获得了 2016—2017 年度院长奖学金。2016 年团队自主研发的“减噪高效花瓣形刹车”入选全国大学生创新创业训练计划国家级项目，同年获得国家专利。在 2018 年全国硕士研究生入学考试中，梁志豪成功被中国矿业大学（北京）录取，录取专业为机械工程。

如下是梁生豪的一段自我描述，或许从中我们能感受到他的成长心路。

时光飞逝，在 2014 年的那个秋天，我步入了大学，看起来似乎实现了矿工家庭拥有大学生的梦想，我也顺理成章地认为自己就是传说中的“天之骄子”。在入住宿舍后，我看到来自不同地方、说话有各种口音的同学，内心是那么好奇和欣喜，感叹自己高中三年没有白熬，现在终于修成正果了。于是乎，上完课后，我把书一丢，和室友、同班同学一起，游遍阳泉各处，兴致来时再逛逛太原也是个不错的选择。快活的日子没多久，迎来了第一次高数测验，那是在 2014 年 11 月的中旬，基础部的数学老师们为我们组织了一次数学测验，虽说不是真正意义上的期末考试，但也是蛮正式的。对我来说，自 9 月份入学以来，高数仅仅停留在老师上课所讲授的内容，而且里面还包含不少“夹生饭”，但我还是有一种谜之自信，觉得高考都挺过来了，这一个小测验还算得了什么？双手一撸袖子就上了……

成绩出来得很快，我记得不到 3 天时间吧，我抱着“天之骄子”的心态，眼睛一扫成绩排名表：第一页，没有！第二页，没有！第三页，还是没有……直到最后一页（60 分以下），我的名字赫然在列。我是家里的第一代大学生，第一代大学生在大学中的第一次考试，就以这样的惨败告终，我的心里非常羞愧和难过，恨不得找个地缝钻进去。而当我回到宿舍，却仍是“歌舞升平”之势，喊我打游戏的、约我出去玩的……错误！未找到引用源。

也就是从这一次开始，我没有接受他们的邀请，第一次找到学校里那个火箭般的高楼——图书馆，在里面找了个位置坐了下来，眼前仿佛看到了父亲的白衬衫，漫天的煤灰、沙尘，父亲穿着白衬衫一步一个脚印，昂首阔步向前走。纵使一天洗一次洗到发黄。我不能忘记我的洁白、我的追求。我们每个步入大学的学子，都有自己的那件“白衬衫”，也许你周围环境舒适洁净，也许你周围环境煤粉漫天，而你要做到的其实很简单，就是明确一个观点：你看到的并不是你生命的全部，不要被网吧、宿舍、游乐场的“沙尘”遮蔽双眼，你要好好珍惜自己用辛勤汗水换来的大学平台，去追求一个更新的世界。

新的世界在哪里？

对我而言，扎实的专业知识储备才是通往新世界的阶梯。我重拾曾经只在上课才翻动的课本，运用网络工具寻找教学课程，到图书馆借阅专业资料，课后找到老师请教问题……就是凭借这些，4 年来我获得 2016—2017 年度院长奖学金、2015—2016 年度特等奖学金、2016—2017 年度一等奖学金、2014—2015 年度两项学院单项奖学金、2016—2017 年度国家励志奖学金等。可见，学校以及老师们最期待的就是我们的学习水平能更上一层楼，只要把老师传授给我们的都摸清搞透，奖学金对于正在看文章的你来说，一点都不难！

有了阶梯之后，新的世界在哪里呢？校训说得好：崇德尚能，行知合一。我们要把所学的知识应用到实践中去。我们现在已经是大学生了，不再是初高中阶段只有“学习”这一个任务。在学校中，我们其实有着许多成熟的、宽广的平台，我们学校经常会有文体活动、学科竞赛、社团活动，我们可以从中寻找真正适合自己的，能够发挥自己所长的，正所谓“千款百款，总有适合你的一款”。比如说我，曾经参加 2015 年全国大学生英语竞赛，获得国家级三等奖，2017 年全国数学建模竞赛山西赛区优秀奖，2014 年山西工程技术学院“迎新杯”辩论大赛获得“最佳辩手”等。我们谁也不是生下来就知道我们适合干什么，我们真正能做的就是认真准备，勇于尝试，哪怕尝试后失败了，这对我们来说未尝不是宝贵的收获，爱迪生做灯泡还失败 99 次呢，我们大学生就要有不怕输、输得起的气魄，反正我们有大把时光，那就要利用好它。

当我们发现自己对某一方面感兴趣时，我们也就打开了通往新世界的大门。可是问题接踵而至，那就是：怎么去追求这个新世界呢？我举一个不太恰当的例子：追求这个新的世界，就像一个小伙子追求自己心爱的姑娘，我们首先需要仔细侦查这个“姑娘”喜欢什么，需要什么，再“投其所好”，坚持下去，就是一段动人的佳话了。回到主题，我们首先要明确自己的兴趣方向，就好比我的兴趣方向是机械设计，我设计的一个作品“减噪高效花瓣形刹车”，在设计之初，灵感其实就是来自于我观察电动车、摩托车在刹车过程中时常产生大量尖锐噪音，行人乃至驾驶者都对此烦不胜烦，而且伴随着噪音更多的就是行使安全系数的降低。那么，有了这个侦查准备以后，对一款新的刹车的需要就显露出来了，接下来的“追求”便是“投大家所好”，成功便是顺理成章了。我的这款作品获得第十三届“兴晋挑战杯”大学生课外学术科技作品竞赛省级二等奖，并获得国家专利，在 2016 年国家级大学生创新创业训练计划成功入选国家级项目，由我担任负责人。

最后，我想说的是，也许我和正在阅读文章的你来自不同地区，拥有不同的文化，但只要你踏进山工院的大门，我们就是一家人，我的所言所感虽不是醒世恒言，但句句发自肺腑。请记住：无论你成功还是黯淡，当你坐下来之后，你的四周不过是四堵墙，你要勇于并善于在墙上开窗，去探索出一个又一个新的世界！如此，你在山工院的时光就不会虚度，你的青春也将焕发光彩，就算 90 岁后，你也会有一个不老的灵魂！

第五章

立规定矩
以小窥大，完善自我

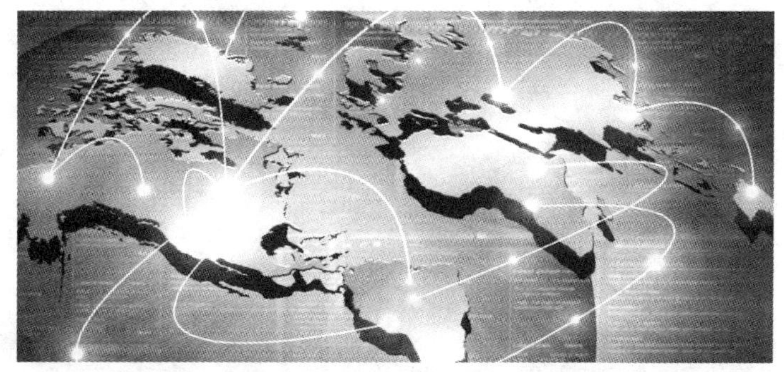

DAXUESHENG
SUZHI JIAOYU
DUBEN

第一节　对自己的满意和不满意

“认识你自己”，相传是刻在希腊德尔斐神庙的三句箴言之一，也是其中最有名的一句。这句话的阐释，就是劝人要有自知，明白人只是人，并非诸神。可见人对自己的认识是多么重要。

人的一生就是一个不断认识自我超越的过程。正确认识自我是改造自我和完善自我的前提条件。

心理学把人的自我意识分为自我认知、自我体验和自我调控三部分。自我认知是解决“我是一个什么样的人”“我如何看待我自己”的问题，自我体验的核心内容是“我对我自己感觉怎么样”，而自我调控则是自我意识结构中最高级的阶段，其核心是“我将如何实现理想的人生”“我将如何改变自己”。

亲爱的同学，你问过你自己这样的问题吗？你是一个怎样的人？你喜欢现在自己的样子吗？你想让自己成为一个怎样的人呢？大学生活虽然短暂，却是我们生命历程中非常重要的一个阶段，你打算如何绘制自己这段生命历程的华彩呢？

一、目标与使命

大学是培养人才的摇篮，从进入大学的那一天起，做一名合格的大学生就成了我们每一个青年学子的目标和追求。

（一）教育法的规定

在我国高等教育法中，明确规定高等教育要“使受教育者成为德、智、体等方面全面发展的社会主义事业的建设者和接班人”，“高等教育的任务是培养具有创新精神和实践能力的高级专门人才，发展科学技术文化，促进社会主义现代化建设”。

（二）领导人的期望

大学生是青年群体中的主要代表，党和国家领导人始终关注青年，关心青年，关爱青年，对青年学生寄予了很高的期望。从毛泽东到邓小平，尤其是现任国家领导人习近平总书记，更是多次到高校和师生交流，给优秀的学生个人及群体复信，为青年大学生的成长提出了明确的努力方向。

1. 要肩负民族重任

青年是祖国的未来、民族的希望，也是我们党的未来和希望。中国共产党的创始人之一——李大钊同志说过，青年要“为世界进文明，为人类造幸福，以青春之我，创建青春之家庭、青春之国家、青春之民族、青春之人类、青春之地球、青春之宇宙，资以乐其无涯之生”。95 年来，我们党取得的所有成就都凝聚着青年的热情和奉献。

——2016 年 7 月 1 日，在庆祝中国共产党成立 95 周年大会上的讲话

历史和现实都告诉我们，青年一代有理想、有担当，国家就有前途，民族就有希望，实现我们的发展目标就有源源不断的强大力量。

广大青年要勇敢肩负起时代赋予的重任，志存高远，脚踏实地，努力在实现中华民族伟大复兴的中国梦的生动实践中放飞青春梦想。

——2013 年 5 月 4 日，在同各界优秀青年代表座谈时的讲话

2. 要树立远大理想

中国梦是全国各族人民的共同理想，也是青年一代应该牢固树立的远大理想。中国特色社会主义是我们党带领人民历经千辛万苦找到的实现中国梦的正确道路，也是广大青年应该牢固确立的人生信念。

——2013 年 5 月 4 日，在同各界优秀青年代表座谈时的讲话

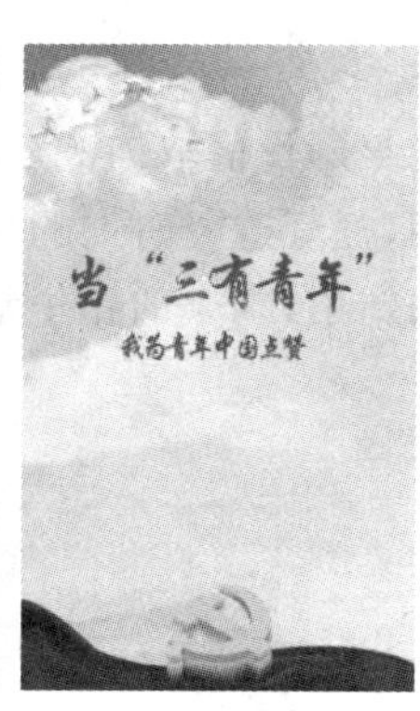

3. 要有奋斗拼搏精神

人的一生只有一次青春。现在，青春是用来奋斗的；将来，青春是用来回忆的。

青年人正处于学习的黄金时期，应该把学习作为首要任务，作为一种责任、一种精神追求、一种生活方式，树立梦想从学习开始、事业靠本领成就的观念，让勤奋学习成为青春远航的动力，让增长本领成为青春搏击的能量。

——2013 年 5 月 4 日，在同各界优秀青年代表座谈时的讲话

当代中国青年要有所作为，就必须投身人民的伟大奋斗。同人民一起奋斗，青春才能亮丽；同人民一起前进，青春才能昂扬；同人民一起梦想，青春才能无悔。

——2015 年 7 月 24 日，致全国青联十二届全委会和全国学联二十六大的贺信

广大青年要保持初生牛犊不怕虎的劲头，不懂就学，不会就练，没有条件就努力创造条件。"志之所趋，无远弗届，穷山距海，不能限也。"对想做爱做的事要敢试敢为，努力从无到有、从小到大，把理想变为现实。要敢于做先锋，而不做过客、当看客，让创新成为青春远航的动力，让创业成为青春搏击的能量，让青春年华在为国家、为人民的奉献中焕发出绚丽光彩。

——2016 年 4 月 26 日，在知识分子、劳动模范、青年代表座谈会上的讲话

3．要脚踏实地

青年的价值取向决定了未来整个社会的价值取向，而青年又处在价值观形成和确立的时期，抓好这一时期的价值观养成十分重要。这就像穿衣服扣扣子一样，如果第一粒扣子扣错了，剩余的扣子都会扣错。人生的扣子从一开始就要扣好。

——2014 年 5 月 4 日，在北京大学师生座谈会上的讲话

青年有着大好机遇，关键是要迈稳步子、夯实根基、久久为功。心浮气躁，朝三暮四，学一门丢一门，干一行弃一行，无论为学还是创业，都是最忌讳的。

——2014 年 5 月 4 日，在北京大学师生座谈会上的讲话

4．要全面发展

少年强、青年强则中国强。少年强、青年强是多方面的，既包括思想品德、学习成绩、

创新能力、动手能力，也包括身体健康、体魄强壮、体育精神。

——2014 年 8 月 15 日，看望南京青奥会中国体育代表团时强调

5．要有世界眼光

世界的未来属于年轻一代。全球青年有理想、有担当，人类就有希望，推进人类和平与发展的崇高事业就有源源不断的强大力量。希望各国青年用欣赏、互鉴、共享的观点看待世界，推动不同文明交流互鉴、和谐共生，积极为构建人类命运共同体添砖献瓦。

——2015 年 10 月 26 日，在联合国教科文组织第九届青年论坛开幕式上的贺词

当今时代，世界各国人民的命运更加紧密地联系在一起，各国青年应该通过教育树立世界眼光，增强合作意识，共同开创人类社会美好未来。

——2016 年 9 月 10 日，致首届清华大学苏世民书院开学典礼的贺信

从烽火岁月到和平年代，从新中国成立之初到改革开放和现代化建设的新时期，每届党的领导人总是从事关国家、民族前途命运的战略高度，重视青年和青年工作，把振兴中华的希望寄托在青年身上。作为青年一代的大学生，同学们，你们感到自己肩上沉甸甸的责任与使命了吗？

（三）我校人才培养目标

亲爱的同学，从走进山工院大门的那天起，意味着你已经成为一名山工院学子。在你生命的历程中将有一段时间与这里融为一体，不可分割。那么，你知道自己在这里要实现的目标是什么吗？

卫英慧校长在我校 2016 和 2017 两届学生开学典礼的讲话中都明确指出，我校的人才培养目标就是培养“高级应用型人才”，“我校立足阳泉，面向山西，辐射全国，积极为山西煤炭产业转型升级和技术进步提供人才支撑和智力支持。学校着力培养知识面宽、基础扎实、实践能力强、综合素质高、面向生产一线的高级应用型人才，被誉为‘工程师的摇篮’”，“33 年筚路蓝缕，风雨兼程，砥砺前行，学校致力于培养适应区域和行业经济社会发展需要的、具有创新精神和实践能力的高素质应用型高级专门人才”。

在两次开学典礼上，卫校长结合学校的实际深入思考，分别从“自律”和“诚信”两个

角度对同学们寄予深切的期望。“如何才能让你们不负这大好时光，如何才能将祖国的期望、父母的期许转化为你们生命中无与伦比的精彩？这段时间，我一直在思考答案。我觉得答案应该是自律。”

“参天大树挺拔耸立，靠的是深扎大地的根默默支撑。那么等到大家毕业时，母校要让同学们靠什么来支撑起美好绚烂的人生？思虑良久，我想，应该是诚信。我希望同学们树立诚信观念，培养诚信意识，增强诚信品质，等大家毕业时能够持诚信之心，做诚信之人，行诚信之事。”

亲爱的同学，有目标就有前行的方向，现在，请你仔细审视自己距离这个目标还有多远。

二、我离合格有多远

当怀揣着青春激扬的梦想，带着激动、兴奋甚至还有些紧张而复杂的心情走进大学校门时，展现在眼前的是一片崭新的天地。然而，你发现这里似曾相识却又全然不同，你需要适应和面对的，远远超过曾经的预想。大学生活将是一种全新的模式，你准备好了吗？

（一）主动适应环境

从中学到大学的转变，首先要面对的是如何适应大学环境的问题。在现实生活中，人们对环境的适应可分为两种：消极的适应和积极的适应。

小陈，女，以专业第一的成绩考到了山工院某专业。接到大学录取通知书时，虽然她感到自己所考的学校并不如她所意，但已经复读过一年的她还是来学校报了到。然而，从一进校门，她的情绪一直都处于低谷之中，认为自己进入了一个“不太好”的环境，老师课堂上的讲授丝毫激不起她的学习热情，与周围同学也懒得交流，喜欢独来独往，感到自己与环境格格不入，每次和家里打电话都会忍不住落泪。一个学期结束，她竟然有2门课亮起了红灯。

这是一例典型的因心态问题导致的入学适应不良案例。无论进入一个怎样的学校，如果不能以一种积极的心态来客观认识自己与环境的关系，心存抗拒而非接纳，必然会使自己陷入越来越深的心理危机噩梦中。作为一名大学生，必须要了解大学有怎样的特点与要求，这个新环境与过去相比究竟发生了怎样的变化。

• 生活环境的变化。来自不同地区的学生由于地域的差异，气候、饮食习惯的不同，甚至语言交流的障碍，远离家乡父母，事事都需要自己安排。生活环境和生活方式的巨大转变，使一部分学生很容易产生孤独感，不知道如何处理人际关系。另外也有些学生出现了不良的生活习惯，沉迷于手游、电影，晚上熬夜，白天上课萎靡不振，逐渐对学习失去了兴趣。时间一长，不少学生几乎淡忘了在大学里还能做点其他更有意义的事情。

• 学习要求的变化。与中学相比，大学的学习目的、学习内容、学习方式和学习要求都有了明显变化。大学阶段的学习，知识的广度和深度大大增加，专业方向基本稳定，需要充分发挥学习的主动性、创造性。大学主要实行学分制，除了公共课、学科基础课和专业课等必修课，还有大量选修课供学生选择，学生可以根据个人的兴趣爱好和能力选修相关课程。在大学，自由支配的时间增多，学习的自主性增强，学生获取和掌握知识的渠道更加多样化。自主学习能力、独立思考能力、分析和解决问题能力，是大学阶段更为重要的能力。

• 社会活动的变化。进入大学，党团、学生会活动增多，由兴趣、爱好相同的同学自愿组织起来的各种学生社团活动丰富多彩，参加各种社会实践、社会志愿服务的机会大大增加。学生可以根据自己的特点和爱好、时间和精力，积极参加各种活动，合理安排课余生活，锻炼组织和交往能力。

大学生活的变化，要求我们必须结合自身的实际情况，提升适应能力，尽快适应大学生活。要做到如下几点：

• 树立自立、自强、自信、自律的生活意识。

• 提高明辨是非善恶的能力。

• 虚心求教，细心体察。
• 大胆实践，积累生活经验。

（二）积极认识自我

学生张一最近遇到了自己心仪的女孩小美，并一直对小美示好，他想表白，但又担心被拒绝。因此晚上他请宿舍里的几位哥们帮助他分析小美是否喜欢他。大家七嘴八舌开始热烈地讨论起来。

李斯：你长得这么帅，又高又壮，家庭条件又好，这明显的高富帅，哪个女孩子都会喜欢的，小美肯定喜欢你，不用担心了。

小华：那可不一定，外表这个东西不好说，萝卜青菜各有所爱，关键看小美对你的反应怎么样。你约过她吃饭吗？送过她礼物吗？如果她答应你的邀请，接受你的礼物，说明她对你是有好感的。

张一：和她吃过几次饭，圣诞节还送过她一次小礼物，她收下了。不过我还是不能确定。

小庆：对啊，要是你能约到她，至少说明她不讨厌你。另外，你也可以看看她对你和对别的男生相比怎么样。她也会和别的男生吃饭吗？会接受别的男生的礼物吗？

张一：这个我就不清楚了。

小庆：那你可以看看她对别的男生怎么样。

小林：你别问我们的意见了，她喜不喜欢你你自己心里最清楚了，回忆一下你和她相处的过程，你的感觉怎么样，小美的反应怎么样，你肯定知道她是不是喜欢你。

张一：我回想了一下，她和我在一起挺开心的，有说有笑，我想她对我还是有好感的吧，我只是担心如果表白会不会太冒失了。

…………

张一想知道小美对自己的看法，想了解自己是不是被小美所喜欢。你是不是和张一一样也有同样的对自我了解的疑问？我们怎么去了解自己？怎么去认识自己呢？怎么知道自己是否具有某种能力？通过什么标准去评价自己？

一般人们了解自己有3种信息来源：物理世界、社会世界和内部心理世界。

1. 物理世界

物理世界为我们了解自己提供了方法和途径，如一个人的身高、体重和喜欢吃什么，都可以通过外在的物理世界来了解。但是通过物理世界了解自己有2个局限：一是很多特点在物理世界中并不存在，尤其是一个人的心理品质，如是否坚强，是不能通过物理世界来认识的；另一个是即使这个特点是可以测量出来的，但所了解到的信息不一定是个体想要的，如一个人的体重可以测量出来，但是我们仍然不知道自己的体重在人群中所处的位置，是偏胖还是偏瘦。

2. 社会世界

想要知道自己在社会中是什么样子的，必须通过社会世界来了解自己。一种是社会比较，即将自己的某些特点和别人进行比较，并由此对自己的这个特点进行判断。比如，一个人的英语考试考了90分，只通过90分并不能让他知道自己考得好还是不好，还要通过和他人的比较，看别人都考了多少分才能做出判断。而且大部分情况下，只有与我们相似的人进行比较时获得的信息才是最可靠的。另一种是反射性评价，也就是他人反馈，即通过观察他人对自己的反应来认识自己，如一个学生会干部组织一个活动，得到了老师的表扬，同时很多同学也积极踊跃地参加，他就可以从这些反应中了解到自己成功举办了这个活动，自己具有一定的组织能力。上述案例中张一可以通过约小美吃饭，送小美礼物，看看小美是否应邀，通过是否接受自己的礼物来判断小美对他的好感。

3. 内部心理世界

内部心理世界对自我的认识主要是通过内省来进行的。内省是个体认识自我的一个常见方式，它指向个体内部来寻求答案，直接考虑个体的态度、情感和动机。一个人想要知道自己是不是喜欢吃香蕉，他可以通过内省来发现，他是不是想吃香蕉，吃香蕉的感觉怎么样等，如果他非常想吃香蕉（动机），吃香蕉的时候觉得很满足、很开心（情感），那可以得出他喜欢吃香蕉的结论。就像上述案例中小林给张一的建议——反思，这不仅可以知道小美如何对张一，同时也能够反映出张一的感受和想法——担心自己被小美认为冒失。

正确认识自我的关键在于要全面认识自我。如果一个人只从物理世界去认识自己，那他对自己的认识就有可能产生偏差；如果一个人只是通过内省去认识自己，那他有可能只是沉浸在自己的内心世界，而忽略了别人对自己的看法。所以要想全面认识自己，就需要从物理世界、社会世界和内部心理世界3个方面去认识。不仅要看客观的情况，也要通过社会比较、他人的反馈以及自我反省来认识自己。

下面介绍一个帮助个体更好地认识自我的方法，主要包括了解自己、接纳自己、欣赏自己、改变自己4个方面，具体步骤如下：

(1) 寻根，即追寻自我意识的发展历程。

① 父母眼中的我。

② 亲戚、长辈眼中的我。

③ 老师眼中的我。

④ 同学、朋友眼中的我。

⑤ 自己理想中的我。

⑥ 现实生活中的我。

(2) 我是一个独特的人，一个与众不同的人。

① 我的长处和来历，主要是受了谁的影响。

② 我的欠缺及不足，它是怎么来的，主要受谁的影响。

(3) 承认自我、接纳自我。

① 列出长处,对自己今后发展的好处。

② 列出自己的不足,对发展造成的障碍和限制。

(4) 进一步认识自我、评价自我。

① 身心的我,喜欢的和不喜欢的。

② 现实的我,自己的和别人眼中的。

③ 理想中的我,希望成为什么样的人。

④ 描述"我是谁"。

亲爱的同学,认识自我是有效管理自我、改变自我、发展和超越自我的前提。你可以运用上述方法来了解自己,当然,你还可以通过完成各种心理测试来进一步认识自己,如霍兰德职业兴趣自测可以帮助你了解自己到底喜欢做什么,适合做什么;气质类型测试量表可以帮助你认识自己的人格特征,使你悦纳自己,超越自己,成就独一无二的自己!类似的测试网上有很多,你可以进行自我测试。如果愿意,你还可以走进学校的心理咨询室,那里将会有专业老师帮助到你!无论如何,请记住:

如果你不能成为大道,
那就成为一条小路;
如果你不能成为太阳,
那就当一颗星星。
决定成败的不是尺寸的大小,
而在于做最好的自己。

(三) 了解大学关隘

通过对环境的了解与对自我的认识,你是否感觉自己已经准备得差不多了呢?在此，先恭喜你！不过，当很多同学自信满满扬帆起航之后，才发现自己的大学旅程并非一帆风顺。正如中国石油大学一名辅导员在一篇文章所言："大学四年就像是一场游戏，场景宏大，角色各异，道具丰富。每一关都有一个守关 boss，它本领高强得让人手足无措，每个大学生的生涯中或迟或早都会遇到这些关隘。"下面我们就借她这的篇文章，对照一下自己，看看自己过到了哪一关？对于即将出现在我们旅程中的有些关卡，也好提前做好准备。

• 第一关　关卡位置：第 1 学期。通关时长：2～6 个月。
通关任务：适应。守关 boss：懒。

不知道如今大一的你过得怎么样，是不是有 n 个"万万没想到"？"上大学就自由了……"这一定是别人家的大学，因为大学本来就不是放松的地方。你会发现，大学一学期的课程数量比高中三年还多，上课还得占位子，下课还得自习，还要应付这么多考试。高中进入大学的第一关就是适应，尤其要适应自己管自己。

闯关道具：习惯。

习惯有一种可怕的力量，让你自然而然、毫不费力地在惯性的路上奔跑。习惯也是回击散漫松懈最有效的工具，利用好学校的资源，找到自己的节奏，让它推着你往前走。

• 第二关　关卡位置：第 1 学期。通关时长：3 个月。
通关任务：发现。守关 boss：宅。

刚进入大学的你，有很多不确定吧？不知道大学里究竟有些什么，上大学的自己会遇到什么，要经历什么。给自己一段时间去发现。

每一所学校都有她自己的特色与文化，自然风景、名家讲座、校园活动；每一个人身边一定也有不同特点的人，风俗习惯各不相同的舍友，知识渊博、风采各异的老师……每一所学校的毕业生，都会带着这所学校的烙印。若你自入学就开始领会，贴着学校的脉搏与周围的人一起成长，这种共鸣想必是令人兴奋与幸福的。

闯关道具：开放。

抛开预期与想象的设定，保持开放的心态，去经历、接纳和体会。例如，若你对所学的专业不感兴趣，别急着全盘否定、愤然离去，先去了解它真正的样子，发现它趣味之处，同时，对你似乎感兴趣的专业去旁听，去访谈，去调查，然后再谈决定。

• 第三关　关卡位置：第 3、4 学期。通关时长：12 个月。
通关任务：高效。守关 boss：懈。

这一关我们来到了一个分水岭——"大二现象"。大家的大一差别都不大，大多都是在适应、调整中慢慢体验的，但是大二的状态会出现近乎天差地别的差距。有的一路开挂，有的高开低走，有的低开不走……说这一年影响整个大学也不为过。很多同学，大一一年拼下来之后觉得"大学不过如此""我似乎不用很努力"。要求的降低，势必带来松懈。而大二的松懈，恐怕是难以勒马的。

闯关道具：坚持。

这个时候，你需要一口真气。我们努力，不仅仅是为了过好大学，更是要为下一阶段的人生积累资本。你若享受辩论场上的雄辩滔滔，就要多看书、多思辨、多训练；你若羡慕国奖获得者处处开花，就要坐得住、静得下、钻得进；你若想在体育赛场叱咤，就要年如一日循环往复。把喜好变成特长、育成技能，深度投入的量变，一定可以带来意料之外的质变。

• 第四关　关卡位置：第 4 学期。通关时长：6 个月。

通关任务：定向。守关 boss：茫。

大学快要过半，你对未来有方向了吗？在这一关，你需要让自己明确下一步方向：继续读书还是进入职场？海外求学还是国内深造？继续现在的专业还是换一个领域？求职，在什么行业，做什么岗位？要不要考公务员？太多的选择令人无法决断，不知道应该怎么样才能应对未来的挑战与困难，没有信心做出一个让自己确信的决定。

闯关道具：前瞻。

很多时候，无法决策不是因为我们不够了解自己，而是我们对世界知道的太少。去搜集信息，用你能够调动的所有资源。先看看不同的方向需要你具有什么特长，看看哪些是你在一年之内能够达到(所谓现实性)的，再看看不同方向能够给你带来什么样的发展和机遇，所有行业的发展都在世界与国家经济大势之下(所谓理想性)框定，去寻找，最后，在理想与现实之间找到自己能走通的那条路，锚准它，开启下一关。

• 第五关　关卡位置：第 5、6、7 学期。通关时长：18 个月。

通关任务：精进。守关 boss：散。

有了方向，我们要做的就是“定向积累”，让自己成为这个方向的专才。精进，就是要让自己将这一领域的知识、能力与素质的要求都满足，而后建起你自己的核心竞争力，把他们组合成你独特的优势。

闯关道具：目标。

在上面定向的基础上，确立更准确、更清晰的目标。某所学校的某个专业？某行业的500强？在类型、行业、职业（岗位）、地域等众多维度中找到你能达到的结合区，那就是你的目标。用目标的要求来构成你核心力的逻辑主线。

• 第六关　关卡位置：第7、8学期。通关时长：12个月。

通关任务：选择。守关boss：惑。

终于到了这个时候，似乎大学所有的努力终将在这一刻得到衡量。到了这个时候，可能大家又会陷入新的困惑。我所选的，是不是最好的？能实现么？还有很多同学，签了工作之后反而陷入纠结，是不是不该签？

闯关道具：自知。

冷暖之间，人贵自知。这个阶段，需要前3年的积累，更需要此刻冷静的总结和思考。同样，有人会在这个过程转变方向。看起来似乎违背了之前定向积累的过程，但你在那个方向上定向积累的东西，大约有60%～80%是可以在另一个方向上使用的，我叫它“转向迁移”。只不过，你需要在成果呈现这个逻辑过程中加以调整。

• 第七关　关卡位置：第8学期。通关时长：未知。

通关任务：迎接未来。守关boss：无。

到了这一关，已经没有守关boss了，因为最大的boss已经被你打败，那就是你自己。而走到这里，总有一些选项会落在你力所能及的美好愿望之内，你做的每一个选择都是理智、冷静、科学并且明确的。你做出选择都不用担心以后会后悔，因为那已经是当下最好的选择。

希望所有同学，都带着力量、方向和信念，势如破竹，将大学中这些关卡一一攻克。

第二节　改变从现在开始

在闻名世界的英国威斯敏斯特大教堂地下室的墓碑林中，有一块普通的墓碑。同周围那些质地上乘、做工优良的英国国王的墓碑，以及牛顿、达尔文、狄更斯等名人的墓碑比较起来，这块普通的墓碑可谓相形见绌。但每一个到过威斯敏斯特大教堂的人，都会来拜谒这一块普通的墓碑。原来，这块墓碑上面刻着这样一段文字：

当我年轻的时候，我的想象力从没有受到过限制，我梦想改变这个世界。

当我成熟以后，我发现我不能改变这个世界，我将目光缩短了些，决定只改变我的国家。

当我进入暮年后，我发现我不能改变我的国家，我的最后愿望仅仅是改变一下我的家庭。但是，这也不可能。

当我躺在床上，行将就木时，我突然意识到：如果一开始我仅仅去改变我自己，然后作为一个榜样，我可能改变我的家庭；在家人的帮助和鼓励下，我可能为国家做一些事情。

然后谁知道呢？我甚至可能改变这个世界。

很多人说这是一篇催人深省、洗涤灵魂的人生教条，虽然只有短短两百余字，但是字字珠玑。于 2013 年 12 月 5 日去世的南非总统曼德拉年轻时看到这篇碑文时，声称自己从中找到了改变南非甚至改变整个世界的金钥匙。回到南非后，这个志向远大、原本赞同以暴力手段消除南非种族歧视的黑人青年一下改变了自己的观念。曼德拉由于领导了反对白人种族隔离政策的斗争，白人统治者把他关在荒凉的小岛上长达 27 年，他 44 岁入狱，出狱后已 71 岁。曼德拉在入狱前是一个性格暴躁的人，但在监狱里，他学着改变自己、控制自己。他多半时间被监禁于开普敦附近的罗宾岛，在那里，他和狱卒建立了深厚的友谊。当曼德拉当选总统以后，他邀请当初看守他的 3 名狱卒前来出席他的就职典礼，并提出请当年把他关进大牢的白人领导加入内阁。他说：“当我走出囚室、迈过通往自由的监狱大门时，我已经清楚，自己若不能把悲痛与怨恨留在身后，那么我其实仍在狱中。”曼德拉博大的胸襟让整个世界为之叹服。他从改变自己、改变自己的家庭和亲友着手，经历了几十年，终于改变了他的国家。

我们应该从碑文和曼德拉身上得到不小的启示：

> 要想改变世界，你必须从改变你自己开始。既然世界上许多事我们都无法改变，我们能够改变的只有我们自己！那么我们何不试着改变一下自己呢？况且，改变自己要比改变世界容易。如果你一直在努力地改变自己，终有一天，你会突然发现，世界因你的改变而突然全变了样。

一、改变从确立成才目标开始

古人云：“有志者，事竟成。”确定了人生目标，你才能够选择正确的人生道路，才能够更好地掌握、控制自己的人生。

《塔木德》上说：“一位百发百中的神箭手，如果他漫无目标地乱射，也不能射中一只野兔。”成功的犹太人非常重视明确的奋斗目标的重要性。

有这样一个故事：

有一位父亲带着三个孩子，到沙漠去猎杀骆驼。

他们到达了目的地。

父亲问老大：“你看到了什么呢？”

老大回答：“我看到了猎枪、骆驼，还有一望无际的沙漠。”父亲听了，摇摇头说：“不对。”

父亲以相同的问题问老二。

老二回答：“我看到了爸爸、大哥、弟弟、猎枪、骆驼，还有一望无际的沙漠。”父亲听了，又摇摇头说：“不对。”

父亲又以相同问题问老三。

老三回答："我只看到了骆驼。"

父亲十分高兴地点点头说："答对了。"

这个故事告诉我们一个道理：一个人如果想要走上成功的道路，首先一定要有明确的目标。目标一经确立之后，就要心无旁骛，集中全部精力，勇往直前。

时代呼唤英才，希望在于青年。成为德智体美全面发展的社会主义事业的合格建设者和可靠接班人，是大学生需要确立的成才目标。

1. 德是人才素质的灵魂

德在人的成长成才过程中始终具有关键意义。"才者，德之资也；德者，才之帅也。"同学们应当认真学习和践行社会主义核心价值观，以社会主义核心价值观和社会主义法律法规为基础，以全面发展为目标，自觉加强修养，砥砺品行。

2. 智是人才素质的基本内容

智是从事社会主义现代化建设的实际本领，是成为对国家、对人民有用人才的基本条件。同学们需要努力掌握科学文化知识，掌握本专业比较系统、扎实的基础理论和应用技能，不断拓展知识领域，优化知识结构，丰富社会实践，提高学习能力、实践能力、创新能力。

3. 体是人才素质的基础

健康的体魄是为祖国、为人民服务的重要基础。同学们要了解体育运动的基本知识，掌握科学锻炼身体的基本技能，积极参加体育锻炼，养成锻炼身体的良好习惯。同时，同学们还要保持心理健康，学会合理调控自己的情绪，掌握科学应对心理问题的方法。只有身心健康、体魄强健、意志坚强，才能胜任现在的学习任务和将来的工作职责。

4. 美是人才素质的综合体现

美不仅能陶冶情操、提高素养，而且有助于开发智力，对于促进大学生全面发展具有不可替代的作用。同学们需要提高文化艺术素养，加强审美修养，认清什么是美、什么是丑，养成高尚的审美情趣和良好的人文素养。

大学生要实现德智体美全面发展的成才目标，应当着力增强服务国家、人民的社会责任感。这既是建设和发展中国特色社会主义事业的必然要求，也是大学生成长成才的必然要求。

二、改变需培养成就事业的能力

"工欲善其事，必先利其器。"你在工作、生活、学习上能取得多大成就，完全取决于你的能力，而不是技巧性的特长，而这完全取决于你此前漫长而精心的准备。所以，在校期间你的主要精力要放在自己各方面能力的培养上，不要被纷繁复杂的社会迷惑。

(一)培养学习能力

1. 更新学习理念

学习是大学阶段的主要任务,是大学生活的中心内容。进入大学,学习的内容、形式和要求都发生了变化。同学们不仅要努力学习,而且要树立正确的学习理念;不仅要掌握知识,而且要掌握获得知识和应用知识的能力;不仅要在学业上不断进步,而且要在综合素质上不断提高。

• 自主学习的理念。它要求同学们要明确学习目的,自觉适应专业要求和社会需要,积极主动地掌握相关知识、技能和方法,使自己真正成为学习的主人。坚持自主学习,离不开教师的指导,但不能被动地接受教师的指导,而要有强烈的求知欲和主动性,举一反三,触类旁通,注重对知识的拓展和领悟。

• 全面学习的理念。同学们不仅要认真学好专业知识,还要学好有利于促进自身德智体美全面发展的其他各方面的知识。学习不仅是获得知识,更为重要的是掌握科学方法,培养探索求知的热情,学会收集、处理、选择和管理信息,学会分析、解决理论和实际问题。

• 创新学习的理念。当今时代,知识更新周期大大缩短,各种新知识、新情况、新事物层出不穷。大学生要成为未来国家建设的人才和各个行业的骨干,不仅要认真学习,善于思考、掌握、加工、消化已有知识,还要敢于突破陈旧的思维定式,不断激发自己的创新意识,培养创新精神和创造性思维,不断提高和拓展自己的创新能力,力求有所发现、有所发明、有所创造,为将来的创造性工作打下良好的基础。

• 合作学习的理念。"独学而无友,则孤陋而寡闻。"大学学习既需要耐得住寂寞的潜心苦学,也需要相互交流、沟通,在合作中学习,在学习中合作。同学们要在学业上相互启发,相互促进,取长补短,共同提高,还要在合作中注重培养良好的交往能力、合作精神、团队意识。

• 终身学习的理念。"少而好学,如日出之阳;壮而好学,如日中之光;老而好学,如秉烛之明。"我们已经进入了终身学习的时代,要树立终身求知、终身学习的理念。在大学阶段,同学们要学习和掌握专业基础知识,同时要为今后继续学习、终身学习奠定良好的基础。

2. 学会学习

学会学习是人在现代社会生存的根本,现在社会的发展对学会学习的要求越来越高,未来的文盲不再是不识字的人,而是没有学会怎样学习的人。

• 学会读书。杜甫说:"读书破万卷,下笔如有神。"赵普却说:"半部论语打天下,半部论语治天下。"读书的数量要以人的读书能力为限,有人做过测算,作为大学生,应以教材 15 倍的数量读书比较合适。

• 学会写作。当代大学生的写作能力亟待提高,我们要写论文,要写报告,要写计划,还要写总结,而我们有的大学生连请假条都写不了,又如何适应社会的需要呢?

• 学会掌握资料。资料的整理和积累是要学习的,资料本身是没有活力的,但掌握和利用那些资料,如何整理和编排资料,却体现了一个人对自己专业信息运用的能力。

• 学会调查研究。在现代社会中解决任何问题,都需要了解情况,了解情况就是要调查,因此调查、研究是青年制定学习生活、计划不可缺少的基本功。

• 学会运用网络。网络是提高学习效率的一条重要途径,网络对于丰富教学内容,扩大眼界,引起对学习科学、探索自然奥秘的兴趣,增进思考力、想象力和创造力是很有好处的。

(二)培养思维能力

1. 思考是发现的基础

最早完成原子核裂变实验的英国著名物理学家卢瑟福,有一天晚上走进实验室,当时时间已经很晚了,但他看见他的一个学生仍伏在工作台上,便问道:“这么晚了,你还在干什么呢?”学生回答说:“我在工作。”“那你白天干什么呢?”“我也工作。”“那么你早上也在工作吗?”“是的教授,早上我也工作。”于是卢瑟福提出了一个问题:“那么这样一来,你用什么时间思考呢?”

这个问题提的真好!古今中外,凡是有重大成就的人,在其攀登科学高峰的征途中,都是给思考留有一定时间的。据说爱因斯坦狭义相对论的建立,经过了“十年的沉思”。他说:“学习知识要善于思考,思考,再思考,我就是靠这个学习方法成为科学家的。”伟大的思想家黑格尔,在著书立说之前,曾缄默六年,不露锋芒,在这六年中,他是以私为主,专研哲学。哲学史学家认为,这平静的六年,其实是黑格尔一生中最重要的时刻。

2. 用科学的思维方法锻炼头脑

• 横向思维法。将思维考虑对象从横向,依照其各相应部分与特点进行思考,从而找出有待于进一步完善的部分,确定如何改进的思维叫作横向思维法。

• 纵向思维法。将思维考虑对象从纵向上,依照其各个发展阶段进行思考,从而设想推断出下一步的发展趋向,确定研究内容的思维叫作纵向思维法。经常按照纵向来思考问题,有助于发明创造,推进思维向纵深方向发展。

• 逆向思维法。逆向思维法就是不采用人们通常思考问题的思路,而是反过来,从对立的完全相反的角度去思考问题的方法。运用逆向思维法,常常能出奇制胜,做出突破性的发明创造。逆向思维,对于解决疑难问题或创立新的学科具有特殊意义,往往能做出突破性的贡献。

• 侧向思维法。侧向思维法是将人们通常思考问题的思路稍加扭转,另辟蹊径,换一个角度,采用被人忽视的方法解决问题。

• 质疑思维法。质疑思维,是一种不迷信书本和权威,不受传统观念的束缚,不唯书,不唯上,不唯古,敢于提出问题和大胆质疑,并在质疑的基础上推翻旧理论,创立新学说,或者做出新发明的思维方法。

在现实生活中,我们既不轻易放弃一个可能行得通的途径,也不应该墨守成规,要尽可能从多个不同的角度来思考问题。也许有些问题绞尽脑汁也无法想明白，但是如果冷静下来，换个思考角度可能就会茅塞顿开。

（三）培养创新能力

如果这个世界没有创新能力，便不会有今日人类的文明；如果爱因斯坦、爱迪生等人没有创新能力，他们何以取得巨大的成就与收获；如果一个人不具备创新能力，可以说是庸才；如果一个民族没有了创新人才，那么它便是一个落后的民族。

培养创新能力主要应从以下几个方面进行：

• 要有求知欲。缺乏好奇心，对问题就不敏感，熟视无睹；缺乏求知欲，对学习就不感兴趣，汲取不到新知识。所以要有求知欲。

• 知识面要广。知识贫乏，头脑就像干涸的河，流不出水来；知识面狭窄，就不能看到远处；知识渊博，就会左右逢源，融会贯通。

• 想象力丰富。缺乏想象力，创新能力肯定不足，因为创新是大脑的创造性思维活动，不异想天开，只是在旧框框中思维，将一无所成。只有有丰富的想象力，思维敏捷、清晰、灵活，才会有创新。

• 培养发散性思维能力。发散性思维又称创造性思维、求异思维，是沿着不同方向、不同角度、全方位、多层次地寻找解决问题答案的一种思维方式。具备这一思维能力，对于培养自己的开拓创新能力无疑如虎添翼。

• 多实践，多动手，多思考，多总结。俗话说，实践出真知。专业方面的理论知识，只有通过多实践才能慢慢提高开拓创新能力。

（四）培养人际交往能力

1. 克服人际交往的心理障碍

人们往往对自身存在的社交障碍，缺乏清醒的认识，因而也就没有办法去克服它们。

找到社交失败的原因，你就有了良好的开始。

- 自我训练，战胜孤独

人的精神孤独所引起的死亡率与吸烟、肥胖症、高血压引起的死亡率一样高。心理学家指出，如果孤独者受到一定的社交训练，如学会如何注意与对方谈话后，他们的孤独感就会大为减少。所以，孤独是可以改变和战胜的。那么，战胜孤独有哪些方法呢？

第一，多与外界交流。每个人都有表达自己思想感情、内心感受的需要。独自生活并不意味着与世隔绝。一个常年在山上工作的气象员说，他的身边没有人可以倾诉，但他感到有必要把自己的思想告诉家人，所以他就用写信来满足了自己的这一要求。

第二，多与快乐的人相处。人的性格会受周围环境的影响，经常与开心的人们在一起，你自然而然地会受到他们的感染，产生近朱者赤的效应。慢慢地，你就会敞开自己的心扉，变得快乐起来。

第三，享受大自然。生活中有许多活动是充满乐趣的，只要你能够充分领略它们的美妙之处，就会消除孤独。例如有些人遇到挫折，心绪不好，但又不愿与别人倾诉时，常常会跑到江边或空旷的田野，让大自然的清风尽情地吹拂，心情就会逐渐开朗起来。

第四，确立人生目标。现代人越来越害怕自己跟他人不一样，害怕在不幸时孤立无援，害怕自己不被人尊重或理解。这种由激烈社会竞争导致的内心恐慌，无疑使一些人越怕越孤独，心灵也越脆弱。那么要克服这种恐慌与脆弱，必须为自己确立一些人生目标，培养和选择一些兴趣与爱好，一个人活着有所爱，有追求，就不怕寂寞，也不会感到孤独。

- 如何克服腼腆

在人际交往中，拘谨羞涩、眉低脸红、说话声小、表情紧张等特点都可以看作腼腆的表现。腼腆的人在与人初次交往时，对谈什么话，怎样保持目光接触，都感到为难、不自在。他们不善于言表，尤其在人多的场合，咕哝半天也表达不出自己的意思，让人着急甚至引起误解，这成为社交的一大心理障碍。

作为年轻人，腼腆容易使你丧失进取的机会，失去许多本可以交得很好的朋友，错过上司或老师赏识你的可能性，漏掉施展才华、发挥才能的时机等。

如何克服腼腆呢？

首先，要解放思想，跟上时代的步伐。抛弃那些封建教条和呆板的古训，要做超脱的一代，成为一个洒脱的人。

其次，在人前鼓起勇气，自我鼓励。只要多给自己壮胆，多给自己鼓劲，随时注意调整好自己的情绪，腼腆就会被制服。壮胆不是凭着傻大胆，鼓劲也不是乱鼓一气，而是要在拓展胸襟、开阔视野的坚实基础上，有理有力地去做。再次，与人交谈时训练自己看对方的眼睛，让人感觉到你是一个坦诚而有自信的人，给人留下良好的印象。

最后，克服腼腆心理的另一窍门就是改变自己与人交谈的方式。常常，腼腆者感觉与人交谈十分困难。研究人员已发现，为了使谈话不至于中止，他们会用“是的，我同意”或“多有趣啊”来敷衍。其实，当人际交流受阻时，可以问些开放性的问题，如“你是怎么形成这种爱好的"等。轻松随意的话题能够表达出你的友好，也可能将注意力集中在对方，而不是在自己身上。

总之，只要你有信心、肯努力，就没有跨不过去的障碍，何况仅仅是腼腆的心理呢？如果你是一个在人前感觉腼腆的人，并认为腼腆的确阻碍了你与他人更好地进行交往，成为你社交的障碍，那么试试上面的良策吧！你会发现克服自己的腼腆心理将变得轻而易举。

• 远离社交恐惧症

生活当中，你不可避免地要与各种各样的人打交道，而社交是展示风采的重要方面，可能需要和重要人物交谈，在公众场合发表你的观点，出现在班会、聚会、比赛等各种场所。但是，你总是不由自主地退却，或硬着头皮去了，却因表现失态而让好机会白白溜走。你懊恼、后悔，可当下一个机会出现的时候，你又开始胆怯、犹豫、心慌、手颤，久而久之，自信心在一次次窘态中消耗殆尽。这就是我们通常所说的社交恐惧症。

人的交往能力并不是生来就有的，而是在后天环境熏陶和有意识地培养下产生的。远离社交恐惧，我们可以采取以下几种积极的方法。

第一，不否定自己，不断地告诫自己"我是最好的"，"天生我材必有用"。

第二，不苛求自己，能做到什么地步就做到什么地步，只要尽力了，不成功也没关系。

第三，不回忆不愉快的过去，过去的就让它过去，没有什么比现在更重要的了。

第四，友善地对待别人，助人为快乐之本，在帮助他人时能忘却自己的烦恼，同时也可以证明自己的价值存在。

第五，找个倾诉对象，有烦恼是一定要说出来的，找个可信赖的人说出自己的烦恼。可能他人无法帮你解决问题，但至少可以让你发泄一下。

第六，到人多的地方去，让不断过往的人流在眼前经过，试图给人们以微笑。

2. 与人交往，把握分寸

让自己成为值得交往的对象。我们不要害怕吃亏，天下没有白吃的亏。那些喜欢占别人便宜的人，每占别人一分便宜，就丧失了一份人格的尊严，就少了一分自信，长此以往，必将在社会交际中一败涂地。

做君子，不做小人。庄子说："君子之交淡如水，小人之交甘若醴。"共同为事业奋斗，即使个性、爱好不太一致，但大家有共同的理想，为共同的目标工作，也能建立起友谊。

异性之间交往要慎重，不要过分亲密，也不易过分冷淡，不必过分拘谨。

在与人交往的过程中，把握好距离。美国心理学家爱德华认为适当个体空间的距离是：亲密者（包括情侣、夫妻）是 0.1 到 0.5 米；熟识者，0.5 到 1.2 米；陌生者 1.2 米以上。人们在这种空间距离下可以较自然的发挥、协调，控制情绪。

尽量避免与同学发生冲突。日常学习生活中容易发生争执，最好的办法就是尽量避免。当遇见冲突时，我们最好以商量的口气，提出自己的意见和建议，应该尽量避免用"你从来也不怎么样""你总是弄不好""你根本不懂"这样绝对否定别人的语言。

同学之间相处，还要学会赞美别人。根据美国《幸福》杂志下属的名人研究会研究的结果表明：人际关系的顺畅是事业成功的最关键的因素，而赞美别人是处世交际最关键的课程，因此如果你懂得如何去赞美别人，再加上你聪明的脑袋，还有脚踏实地的精神，就等于事业成功了一半。从很大意义上讲，学会赞美他人是事业成功的阶梯。

三、改变从现在做起

中国古代先哲老子说："合抱之木，生于毫末；九层之台，起于累土；千里之行，始于足下。"实现崇高的理想，要从我做起，从现在做起，从平凡的工作做起。著名数学家华罗庚曾语重心长地对青年学子们说，踏踏实实、循序渐进，与雄心壮志、力争上游并不矛盾，不踏踏实实打好基础，就无法攻尖端、攀高峰，有时表面上看好像是爬上去了，但实际底子是空的。华罗庚认为，雄心壮志只能建立在踏实的基础上，否则就不叫雄心壮志，雄心壮志需要有步骤，一步步地，踏踏实实地去实现，一步一个脚印，不让它有一步落空。

1. 相信自己

一个人相信自己是什么，就会是什么。一个人心里怎样想，就会成为怎样的人。其实，我们每一个人心里都有一幅心里蓝图，或是一幅自画像，有人称它为运作结果。倘若你想象的是做最好的自己，那么你就会在你内心的荧光屏上看到一个踌躇满志、不断进取、勇于开拓创新的自我。美国哲学家爱默生说："人的一生正如他一天中所想的那样，你怎么想，怎么期待，就有怎样的人生。"

上学的第一天，与白岩松邻桌的女同学第一句话就问他："你从什么地方来？"而这个问题正是他最忌讳的，因为在他的逻辑里，出生于小城，就意味着小家子气，没见过世面，肯定会被那些来自大城市的同学瞧不起。

就因为这个女同学的问话，他整整一个学期都不敢和同班的女同学说话，以致一个学期结束的时候，很多同班的女同学都不认识他。

在很长一段的时间内，自卑的阴影都牢牢地占据着他的心灵。最明显的体现就是，每次照相，他都要下意识地戴上一个大墨镜，以掩饰自己的内心。

二十年前，张越也在北京的一所大学里上学。在很多时间里，她也都在疑心、自卑中度过。她的一张十八岁的照片，看起来比现在近四十岁的样子还老。她疑心同学们会在暗地里嘲笑她，嫌她肥胖的样子太难看。

她不敢穿裙子，不敢上体育课。大学快要结束的时候，她差点儿毕不了业，不是因为功课太差，而是因为她不敢参加体育长跑测试！老师说："只要你跑了，不管多慢，都算你及格。"可是，她就是不肯跑。她想跟老师解释，她不是在抗拒，而是因为恐惧，恐惧自己肥胖的身体跑起步来一定愚笨至极，一定会遭到同学们的嘲笑。可是，她连给老师解释的勇气也没有，茫然不知所措，只能傻乎乎地跟着老师走。老师回家做饭去了，她也跟着。最后老师烦了，勉强给了她一个及格分。

白岩松，现在是中央电视台著名节目主持人，经常对着全国几亿电视观众侃侃而谈，他主持节目给人印象最深的特点就是从容自信。

张越，现在也是中央电视台著名节目主持人，而又是第一个完全依靠才气而丝毫没有凭借外貌走上中央电视台主持人位置的。

原来是他们，原来他们也会自卑，原来自卑是可以彻底摆脱的。

很多伟人，生平就是一部从自卑到自强的奋斗史。所以，对自卑者来说，唯一的障碍不是自己不能改变自己，也不是改变中的困难，而是大声地告诉自己：我将永远是无人可比的。

2. 全力以赴

“不管做什么事情，都要全力以赴。”罗素·H. 康威尔说，“成功的秘诀无他，不过是凡事都自我要求达到极致的表现而已。”成功者绝不会以平庸的表现自满，而且他们不管做什么事情，必然都会全力以赴，追求完美。

我们都知道《把信送给加西亚》这本书，书中的罗文之所以成为企业需要的榜样，就在于他送信给加西亚的时候，不推脱、不敷衍、尽全力。这样的人是一种异常优秀的人，他们不仅仅会做别人要求他们做的，而且会出人意料地做得非常完美。

“全力以赴”与“敷衍了事”是天敌，所以一个人要想做到全力以赴，首先就要摒弃敷衍了事的恶习。请记住，没有哪个人的成功是一蹴而就的，谁对自己的工作倾注的心血越多，谁就能看到命运女神对他微笑。如果你应付工作，工作就会应付你；你敷衍人生，人生也会敷衍你。当你习惯了应付与推卸责任后，你的一生也就毁掉了。

当别人总是在一味慨叹无事可做时，全力以赴者早就先行几步，走在了清新明媚、阳光灿烂的康庄大道之上，正在大步地向着美好的未来前进！

在遇到重大生活危机时，全力以赴者也不会坐以待毙，而是头脑清醒、情绪镇静、目光深远、思想睿智，他们会搜索迎面而来的发展机遇，用丰厚的学识与自信的涵养去抓取属于自己的东西。

全力以赴者，心中总是盛满喜悦的蜜，胸中常存无限激情的歌。同学们，从现在起就下定决心，对你手上必须完成的任务全力以赴吧，出色地完成自己手头的每一件工作，你将获得更多成就自己的机会！

3. 天下大事必成于细

俗话说："冰冻三尺非一日之寒。"成功不是骤然而起的，而是由点点滴滴的、细微的成功凝聚而成的。只有做好工作中的每一件小事，才会取得比别人更细致、更丰厚的工作成绩。

细节决定事物的成败。1485 年，英国国王理查三世与亨利伯爵在波斯沃斯展开决战。此战役将决定英国王位新的得主。战前，马夫为国王备马掌钉。铁匠因近日来一直忙于为国王军队的军马掌钉，铁片已用尽，请求去找。马夫不耐烦地催促道："国王要打头阵，等不及了！"铁匠只好将一根铁条截为四份加工成马掌。当钉完第三个马掌时，铁匠又发现钉子不够了，请求去找钉子。马夫道："上帝，我已经听见军号了，我等不及了。"铁匠说："缺少一根钉，也会不牢固的。""那就将就吧，不然，国王会降罪于我的。"结果，国王战马的第四个马掌就少了颗钉子。

战斗开始，国王率军冲锋陷阵。战斗中，意外发生了，他的坐骑因突然掉了一只马掌而"马失前蹄"，国王栽倒在地，惊恐的战马脱缰而去。国王的不幸使士兵士气大衰，纷纷调头逃窜，溃不成军。伯爵的军队围住了国王。绝望中，国王挥剑长叹："上帝，我的国家就毁在了这匹马上！"

战后，民间传出一首歌谣：少了一枚铁钉，掉了一只马掌；掉了一只马掌，失去一匹战马；失去一匹战马，败了一场战役；败了一场战役，毁了一个王朝。

这个故事，不禁使我们想起"失之毫厘，谬以千里"这句中国传统的古语。无论做人、做事，都要注重细节，从小事做起。古人还说：不积跬步无以至千里，不积小流无以成江海。这句话精辟地指出了我们要成就一番大事业，要有所作为，要获得硕大的胜利果实，就要从我们身边的小事做起，把一个个小的胜利果实聚集起来，才能获得更大的胜利果实。然而在我们的国家，想做大事的人很多，但愿意把小事做细的人很少；雄韬伟略的战略家很多，而精益求精的执行者很少。所以我们必须改变心浮气躁、浅尝辄止的毛病，提倡树立细节意识，注重细节，把小事做细。

让我们注重细节，感受责任吧！细节决定成败，责任铸就辉煌，让我们抓住机遇，细致扎实地走好成功路上的每一步！

大学生肩负实现中华民族伟大复兴的中国梦的历史重任，只有把实现理想的道路建立在脚踏实地的奋斗上，改变从现在做起，才能放飞青春梦想，实现人生理想。

第三节 四年后的青春自画像

青春是一个激动人心的字眼。这个词总能让青年人激发起无限的活力，即使走过青春年纪的人，想到这个词也会生出几分激情，浮现出美好的回忆。青春是人生一段美好的时光，美好的时光应该用在美好的事情上。2017 年 5 月，习近平总书记在考察中国政法大学时发表的重要讲话中，要求：要充分发挥青年的创造精神，勇于开拓实践，勇于探索真理；要正确对待一时的得失成败，使顺境和逆境都成为人生的财富而不是包袱。大学四年，说长不长，说短不短，让我们牢记总书记的嘱咐，不负春光勤耕耘，让自己的青春在奋斗中吹响号角，绽放出美丽的光彩。

一、奋斗的青春最美好

这部分中想呈现给大家的是几个刚刚从山工院毕业的学长的个案。他们有的考研进入了名校，有的签约进入了名企，有的创办了自己的公司，还有的虽然归途未定，但一路走来满是芬芳。在他们身上或许你能看到自己未来的样子，因为他们距离我们并不遥远。

奋斗

（一）创业动力缘由不负青春

牛某，2014级机械设计制造及其自动化专业学生，曾连任某系两届学生会主席，中共党员，在校期间参加多项社会实践，毕业前夕，创立了山西纽飞越智能安全技术有限公司。

牛某从小就是一个乖孩子，每年的元旦、六一都会受到表彰。“三好学生”拿到手软，“年级第一”如探囊取物。周围所有人都认为他将来一定是祖国的栋梁。进入青春期，他也与其他孩子一样有过叛逆，异彩纷呈的社会让他对任何事物都充满了兴趣，手机、游戏、烟酒、哥们成为日常生活的关键词，学习反而成为副业。一帮兄弟中，因其学习最好，导致整天沾沾自喜，无所畏惧。最后，他中考落榜走上了补习之路。消停了一年，他虽如愿考上了心仪的中学，但因陷入感情纠葛，2014年高考再次名落孙山，后经过补录才来到山工院。

牛某的经历不可谓不坎坷。然而，可贵的是从进入大学校门起，他就意识到人生不应该再虚度下去，自己必须有一个崭新的开始。

鸟语花香的校园、和蔼可亲的老师、多才多艺的同学点燃了他内心永不屈服的小火苗。在学生会，他从内联部的一名小干事做起，策划活动，参加比赛，布置会场……挥洒汗水的同时也结交了一群志同道合的兄弟。“学生会的日子，是我大学期间最为宝贵的时光。”“刚入学生会，我初尝了步入社会的艰辛。办活动、搞比赛、拉赞助让我学到了很多书本上学不到的知识，同时，也让我感受到了前所未有的畏惧。我告诉自己今后再也不能把自己当作一名学生、一个家长羽翼保护下的乖宝宝。”在这样的认识下，他找到了自己人生中的第一份兼职——知良学校的英语助教。

不同的是，牛某是个有心人，一年的助教生涯，他从老板那里学到了如何管理一个企业，从授课老师那里学到如何有效地提高学生成绩，从同事那里学到了如何高效与家长沟通。在他刚上大二，就响应国家和学校创新创业的号召，开了一家大学生创意生活用品店——居美优品。

一年的开店生涯用他自己的话来说，就是“累并快乐着”。他从一名英语助教转换成了一名集采购、设计、装修、安装家具、销售于一体的“包工头”。虽然因初出茅庐经验不足又缺乏资金，加上对市场信息把握的不准确，这次创业并不算成功。但幸运的是他结识了一家招商引资来阳泉的高科技企业，于是他又成了一个上班族，前期打工与创业的经历使他在这家兼职公司绩效显著，深得公司老师的器重，担任市场专员去外地出差，招投标,测试产品,推广产品……这些让他更是重新认识了自己。“当今社会知识与能力是相辅相成的,缺一不可。能力是掌握知识的前提,但没有一定的知识,就不容易找到发挥自己能力的机会。”而正是由于自己创业和在外兼职的经历提升了他各方面的能力,使他在学生会的工作成效也异常突出。

大学生涯即将结束时,他对自己有了更加清晰的认识,虽然在社会上行走常常是如履薄冰,但碌碌无为、安分守己的一生并不是他所要的。经过半年的筹备,他与自己曾经打工公司的上司合作成立了自己人生中的第一家公司——山西纽飞越智能安全技术有限公司。

祝愿这位积极进取、勇于开拓的年轻人事业顺利,青春在奋斗中绽放光芒。

(二)机遇总是偏爱有准备的人

温某,男,1992 年 1 月生,中共党员,建筑工程系 2012 级土木工程 4 班学生。在校期间担任班长、学生辅导员,曾获得优秀学生干部、校级奖学金以及优秀毕业生等荣誉称号,现就职于中铁建设集团有限公司。

温某从一入大学就给自己定位,选择先就业。于是,他很注重与往届学长学姐的交流。他了解到很多单位都很看重毕业生的英语能力、社会实践经验以及沟通交流能力。于是,大学期间他就很努力地考过英语四级,在学生工作中也积极主动和老师学生沟通,不放过任何能上台讲话的机会,慢慢地,其语言表达及沟通、组织能力有了很大的提高。找工作前,他再一次和毕业两届的前辈们取得了联系,从最基本的招聘信息的获取,自己需要做的准备工作以及面试的时候需要注意的问题,尤其是企业需要什么样的员工,面试时需要怎样介绍自己都做了认真的了解。鉴于此,大四刚开始,他就做好了自己的求职简历,并经过几次修改力求做到更好。接下来就是时刻关注各大高校和单位的招聘信息。

虽然前两次的求职经历并不顺利,但他并不气馁,并从中认真总结经验和教训,如招聘会一定要调整好自己的心态,要主动积极地去和企业沟通,尽量在最短的时间内陈述完对方需要了解的信息。第三次的求职经历可谓刻骨铭心,他这样描述:在前一天傍晚,我接到同学电话得知第二天早上他们学校有专场招聘,我跟身边的同学说了这个消息,打算一块去应聘。当时天色已晚,有的人说时间不早了,下次招聘再去吧,但我还是决定去试试,最后我跟一个同学连夜坐车赶了过去。第二天,我们提前到达会场,由于应聘人很多,递交简历之后,招聘企业会进行了很快的简历筛选,和以往一样我的简历很快被拿了出来,我当时也是很不理解,那种被打击的感觉我相信每一个找过工作的人都感受过。后来,我鼓足了勇气走到面试官面前,我希望为自己争取最后一次机会,我跟面试官说:“您再考虑考虑。”当时也有好多学生说了同样的话,但多被拒绝,等其他人都走开的时候,我又一次迎上去,坚决地跟面试官说:“对不起!耽误您一分钟时间,还是希望您能再次了解一下我。”也许是被我的坚持所打动,面试官让我介绍一下自己,我抓住机会,淡定从容并且自信地介绍了我在学校的一些经历与表现。后来,对方要求再次看一下我的简历。看完后他说我的简历不错,我也很优秀,但他以为我的学校是三本院校,再三解释他们企业不招三本院校的学生,所以不能考虑我。此时,我露出了久违的笑容,当时是找工作以来最轻松的时刻,我马上跟他说明我的学校是二本院校,符合他们招聘的规定。后来,我与他交流了很多,还讲了我们学校的历史,最后他让我留下来,参加下一轮的面试环节。进入面试时,由于之前经过学校的各种锻炼,我很少怯场,有条不紊、游刃有余地介绍了自己的一些基本情况,对于能不能面试成功,我当时是很自信的。最后,功夫不负有心人,我面试成功了,现场与中国铁建旗下中铁建设集团有限公司签订了就业协议,我也成为我们专业第一个找到工作的学生。

温某的求职经历留给我们如下的启示。第一,求职前的准备很重要,很多学生的求职简历都是在招聘会的前一两天完成的,更有人在前一天晚上完成,因而准备得不充分使得自己在招聘现场表现出了各种不自信。只有前期做了充分准备的人,才会表现出无所畏惧和永远的自信。第二,招聘中积极主动自发地与招聘人员沟通很重要,也有好多人只是跟着别人去找工作,没有自己的主观性,人云亦云。第三,招聘过程中对自己心态的调整以及对自己的总结很重要,他认为如果没有前两次的求职经历做铺垫以及留给自己的经验教训,第三次也不可能成功。

工作后,他把自己的感受也与大家做了如下分享。第一,虽然工作了,但我们还需要努力学习,我每天都会比别人晚睡一个多小时,去学习更多的东西。第二,在大学里担任学生干部、学生辅导员的经历,让我在工作岗位上受益匪浅,完成工作的条理性、遇到问题不骄不躁以及有足够的耐心去处理大量繁杂工作等一系列品质都是我在大学培养出来的。第三,工作后很重要的一点就是培养自学能力,自律性强的人学习新事物会非常有计划、有目的,这样会起到事半功倍的效果,而这种品质是我们在大学日积月累养成的。在工作岗位,我们也经常被考核,在半年时间的两次考核中,我每次都是排在最前面。这一方面归功于自己平常比别人多努力;另一方面,也是最重要的一方面,就是得益于我在大学的锻炼和大学老师对我的培养。

机遇总是偏爱那些提前认真准备的人,坚韧是一切聪明才智的基础,要想获得成功必然舍得付出。愿我们这位学长不负众望,创造更加美好的明天。

(三)珍惜生命里的每一次机会

郭某,2014 级机械设计制造及其自动化专业学生,中共党员,曾担任班长和系青年志愿者协会主席,学校外研社社长。大学期间,他顺利通过了英语四级、六级考试,获得英语演讲大赛省级三等奖、数学建模大赛全国二等奖,曾连续三年获得校特等奖学金、单项奖学金,并获得一次国家励志奖学金、一次国家奖学金,2017 年获得院长奖学金。

郭某在对自己的大学四年进行回顾总结时,首先表达的是感谢:感谢学校,是学校成就了自己;感谢学校各级领导,为自己提供多种平台挖掘潜力;感谢学校老师,给自己机会展现自我;感谢学校学长学姐、学弟学妹,能让自己在学校的各个小路都有打招呼的机会;同时也感谢自己,没有自己的始终努力就没有今天的这些成绩,不能享受“孤独”也没有今天的些许光环。

如果你想知道:他怎么会有这么多奖?怎么可以做到这样?我该确立什么样的目

标?我该怎么做才能像他一样或者有所超越?郭某对此也给出了他的回答:制定目标,尽己所能,同时不断尝试。“回顾我的大学,曾经入校时给自己立下的每一个小目标都实现了。”

阴差阳错的,从大一开始郭某就被选为班长。当了班长,就注定了比别人要睡得少,事情比别人多,开会比别人多,挨骂比别人多,但同时机会也比别人多,交际比别人广,历练与成长比别人多。自从当班长,为了带动班里人,他就开始“被动”地参加各种活动,从迎新晚会到校园文化艺术节,从辩论赛到歌手大赛,从主持人大赛到英语大赛……可以说大一只要有的活动他都参加了,虽然都不擅长,初赛就被淘汰,但这些经历使他获得了更多锻炼自己的机会。终于在一次英语演讲活动中,他获得了冠军。这次比赛让他从中获得了自信,找到了自己真正的兴趣爱好与发展方向。当然英语演讲是个慢功夫,要从每个单词的纠音开始,再到演讲台上的气场和心态,同时需要给自己创造平台磨炼自己的技能,需要经常给自己说英语的机会。凭借学校的脱颖而出,郭昊多次代表学校去参加全省的比赛,在每次高手云集的比赛现场,他都能结交许多爱好英语的朋友。为了进一步锻炼自己的口语能力,他选择在旅游中主动与来自世界各地的外国人交流,甚至带他们一起品尝中国的美食,让他们学习中国的汉字,在交流中他自己也增长了知识,认识了朋友,锤炼了能力,收获了快乐。

除了英语,在两次参加数学建模竞赛中,郭某还学会了团队合作,学会了运用数学知识结合其他知识建立模型,解决实际问题。同时,他也认识到只有勇于尝试,不怕失败,在一次次的试验和试错中探索,幸运的光环才有可能光顾。

在大学四年中,有三年郭某的综合排名成绩都是专业第一。尽管身为班长、学生干部,他工作得比别人多,睡得比别人少,但他始终认为大学里的学习必须是第一位。既然选择当学生干部那就选择了更多的付出,但是只要合理规划好每天的行程,抓紧平时的零碎时间,就可以完成任务。

学习之余,学校的创新创业活动使郭某找准了自己今后的发展定位;而运用专业知识与实际问题相结合,让他找到自己真正感兴趣的领域。

郭某的大学成长经历告诉我们:

(1) 一定要多尝试,在不断的尝试中才能找到自己的方向和兴趣。在自己感兴趣的方向上下功夫才会更有动力,干劲儿十足。

(2) 每一次活动都是一次锻炼自己的机会。平台是公平的,珍惜每一次机会,认真投入其中,都必将获得人生最宝贵的财富。

(3) 大学,可以过得很丰富,也可以很平庸。这就要看你在入学时给自己的定位是怎样的,想要朝什么方向努力,想要成为什么样的人,这决定了你四年后可以以什么样的姿态走进社会。

这几位同学只不过是从我校众多优秀毕业生中随手采撷的几朵小花。在就业形势严峻、人才竞争激烈的时代,有些同学对于自己没能进入一个更好的大学唉声叹气,甚至认为自己混个文凭算了。俞敏洪说过“想都不敢想,你怎么成功?”这些优秀学长成长的故事与沉甸甸的收获不是已经给了我们最好的答案吗？光环的背后是付出与努力，获得成功的背后是执着与奋斗。同学们，让我们珍惜大学四年时光，放手一搏，莫负青春好时光，你也一样会有灿烂的明天！

二、四年后你的样子

（一）走近人的潜意识

1. 吸引力法则

吸引力法则是随着一部叫作《秘密》的电影逐渐风靡全球的。吸引力法则认为：人的意念、思想是有能量的，脑电波是有频率的，它们的震动会影响其他的东西，而大脑就是这世界上最强的“磁铁”，它会散发出比任何东西都还要强的吸引力，对整个宇宙发出呼唤，把和你的思维震动频率相同的东西吸引过来。吸引力法则强调当人的意识坚持不懈地关注心中某个想法，行动就会不自觉向所想的方向发展，即你关注什么就会吸引什么。

吸引力法则作为一个正式的术语诞生不过一百多年的历史，但在其背后的精神却存在于古老印度人的信仰之中。它在公众面前一登场，就备受关注，也引起很多人的质疑。当然过分夸大它的作用，必然会使人们陷入唯心主义的泥淖。然而，如若正确利用潜藏在我们体内的这股潜意识力量，把握其中的规律，这对我们的生活无疑会带来更多的益处。

2. 暗示

暗示是一种心灵世界中的神秘力量。它是指人接受外界或他人的愿望、观念、情绪、判断、态度影响的心理特点。暗示是一种信号。生活中，我们总是被暗示的力量所牵引，无论是十分希望这样的事发生，还是惧怕这样的事发生，暗示都会以一种我们无法琢磨的力量影响着我们。

暗示有两种：积极的暗示和消极的暗示。积极的暗示对我们的整个生活会有一个良性的指导。如果能够正确地利用心理暗示，即使处于一个糟糕的环境中，你的内心也会产生愉悦的情感，积极心理暗示会带来意想不到的惊喜。

在我们蓬勃葱郁的心中，都藏着一个秘密的心灵花园。追求一种有意义的、充实的生活，是人们最根本的渴望。生活中的任何人和事都不会无由而生，这些事情如何产生、发展都是由来自我们自身的力量所决定的。无论你是否认同，心灵花园中藏着的这股神秘的力量就是一切的源头，它决定着我们的感觉并左右着我们的行为。当你洞悉了这股力量的奥秘，并且有意识地塑造自己，那么，你所渴望的人和事就会走进你的生活。

（二）四年后你的样子

下面就让我们通过放松冥想，对自己大学四年后的样子做一番自我探索。

首先，选择一个舒服的姿势坐好，轻轻闭上双眼，调整自己的呼吸，随着音乐和指导语探索自己四年后的样子。时光穿梭，转眼已经到了毕业时节，你已经是一名大四毕业

生，即将离开校园，走出校园。摆在你面前的路有很多条，每条路后面都有一扇门：

打开第一扇门。门后站着一个青春而又有点学术气息的你，你拿着研究生录取通知书，来到了一个山明水秀、阳光明媚的校园。这里古朴典雅，到处弥散着学术氛围，学术报告厅恢宏而大气，你仰慕已久的大师正在给年轻而富有活力的优秀学生做指导，而你也成为他们中的一员。仔细体会此时此刻的心情，你是不是觉得特别自豪？是不是觉得离自己的奋斗目标原来越近了？

打开第二扇门。那是一个现代化的企业，你穿着工作服，穿梭在车间或办公室。你已经被一家颇具实力的现代化企业所录用，由于你精湛的技艺和出色的创意，很快成为团队的核心。体会你为自己梦想打拼的那种豪迈和自信。

或许你打开的是第三扇门。你已经是一家崭新公司的创始人，不大不小的办公室墙上挂着营业执照，法人代表赫然写着你的名字，你正在和你的创业团队商量下一个项目的进展情况。

打开第四扇门。你看到穿着绿色军装的你，英姿飒爽，手握钢枪，正在实现自己保家卫国的梦想……

或许你打开的是另外的门，但你一定看到了一个不同的你。不管你打开哪扇门，你都细细感受不同的你。你穿着什么样的服装，脸上是什么样的表情，你的心情如何，周围有哪些人陪伴，你感到最快乐的是什么？当你感到内心特别快乐特别兴奋的时候，请仔细记住这个情景，让这个情景定格在你的脑海中，继续体验这种愉悦、奋进的感觉。这将成为你大学生活的目标。你可以继续陶醉在你的人生目标里，但一会儿当你回到现实的时候，让这个目标牢牢记在你的心里，不断照亮你未来前行的路。这条路也许会充满坎坷，但是你会为了那一刻不断奋斗，不为其他，因为你心甘情愿。

现在，你有意识地调整你的呼吸，慢慢地回到现实，睁开双眼，搓搓双手，揉揉脸颊。

这是一个放松冥想练习。现在请你拿出一张纸，认真地把自己的目标写下来，也可以画下来，并为自己制作一幅大学生涯规划图。想想那时候你的模样，想想那时候你的心情，认真分析一下自己为什么选择这个目标，自己身上有哪些优势可以促成目标的实现，实现这个目标还需要克服哪些阻碍。当你都想好后，开始把你的目标结合实际分为几个阶段性的小目标，并尽可能细化。对离你最近的目标做一份详尽的规划图。

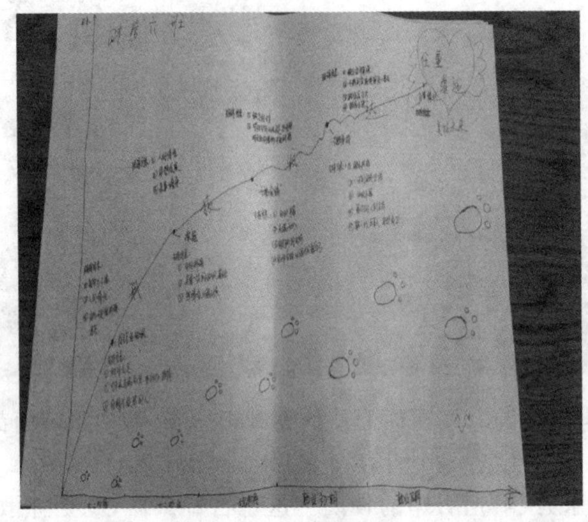

当功课做好后，你可以试着再做一次放松冥想。

微微闭上眼睛，调整自己的呼吸。在你的面前再次呈现你目标实现时的图景。这个目标一直在你心中，当你郑重地把它写下来，发现它是那样强烈，那样明晰。从这一刻起，你将会为实现自己的梦想而义无反顾，甜蜜地追求，拼搏奋斗。目标虽然遥远，但细化后，你就会发现它很容易实现。

每当想起你绘制的这幅路线图，你便像一只展翅飞翔的雄鹰，陶醉在自己的人生目标里，情绪是积极愉快的，并下定决心从每天太阳升起的那一刻自动化运行，努力中坎坷顿时化为乌有，奋斗中艰辛顷刻都化为幸福，不为其他，一切都因为心甘情愿。

心怀青春，生命就不会褪色。努力、昂扬，让青春拔节生长，舒展成该有的模样。伴着春光启程，我们并肩战斗，乘着新时代的浩荡东风，加满油，把稳舵，鼓足劲，继续劈波斩浪、扬帆远航，胜利驶向充满希望的明天！亲爱的同学们，准备好了吗？属于我们的胜利，就在前方。出发！

后记

HOUJI

大学生素质教育读本是山西省高校思想政治工作协同育人中心建设(培育)的任务之一,也是学校德育"2+X"综合改革的具体实践。本书在形式和体例编排上,尽量运用学生接受度比较高的表现方式来呈现,以此来提高本书的使用效果。本书是与时俱进的,不要求面面俱到,但要求其编写对工作有促进,读后有感悟、有收获。本书在今后也会不断进行完善,发挥出它应有的作用。

主编王晓东规划了全书的框架,确定了编写内容;副主编韩永清对全书进行了最后的编辑;顾问张素梅对全书的编写进行了指导和最后审核。本书共五章:第一章"校史校情　不忘初心,方得始终",由王晓东、王英、魏宏亮、张素梅等编写;第二章"时代召唤　培育自信,展现作为",由韩永清、史美青、韩敏、连东、田志熙等编写;第三章"实业兴邦　确立理想,苦练本领",由蔡永乐、张敬环、张素梅、郭郁等编写;第四章"工匠精神　转型发展,促成飞跃",由李秋华、王智庆、马秀叶等编写;第五章"立规定矩　以小窥大,完善自我",由史华红、许韶平、任静涛等编写。

本书的编写过程中,既有对他人理论观点的借鉴、吸收、内化,又有自己学校的经历、感悟、思想。编写组衷心感谢支持和帮助我们的人,特别是党委书记韩保清等学校领导对本书的编写提供的大力支持,并提出了许多宝贵的意见。感谢专家的指点和同行的帮助与鼓励。